#홈스쿨링
#초등 영어 기초력
#초등영어 교육과정 기반

똑똑한 하루 Phonics는 무엇이 다를까요?

하루에 발음 1~2개! 단어 3~4개를 집중해서 연습하니까 배우기 쉬워요!

매일 6쪽씩 학습하고, 부록으로 놀이하듯 복습하며 균형 잡힌 학습을 해요!

발음 동영상으로 정확한 발음을 익히고, 찬트/랩으로 읽기 훈련을 해요!

반복되고 지루한 문제는 그만! 다양한 활동으로 재미있게 학습해요!

매주 5일은 스토리로 문장을 읽어 보고, 사이트 워드도 익혀 보세요!

똑똑한 하루 Phonics
시리즈 구성 (Starter, Level 1~3)

Starter A, B
A 알파벳 + 파닉스 ①
B 알파벳 + 파닉스 ②

Level 1 A, B
A 자음과 모음
B 단모음

Level 2 A, B
A 매직 e 장모음
B 연속자음 + 이중자음

Level 3 A, B
A 장모음
B 이중모음

똑똑한 하루 Phonics만의

똑똑한 부가 자료

책 속 부록
단어 카드

온라인 자료

QR
▷ QR로 편리하게 듣고 발음 동영상도 볼 수 있어요.

추가 활동지
▷ 다양한 추가 활동지를 book.chunjae.co.kr 에서 다운 받으세요.

똑똑한
하루
Phonics

4주 완성 스케줄표

2B

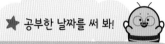

똑똑한 하루 Phonics

똑똑한 QR 사용법

방법 1

QR로 편리하게 듣기

1. 교재 표지의 QR 코드 찍기
2. 해당 '레벨 ≫ 주 ≫ 일'을 터치하고, 원하는 음원과 동영상 재생하기
3. 복습할 때 찬트 모아 듣기, 동영상 모아 보기 기능 활용하기

방법 2

교재에서 바로 듣기

교재 본문의 QR 코드를 찍고, 원하는 음원과 동영상 재생하기

편하고 똑똑하게!

Chunjae Makes Chunjae

▼

편집개발	조수민, 구보선, 유재영, 주선이
디자인총괄	김희정
표지디자인	윤순미, 이주영
내지디자인	박희춘, 이혜미
제작	황성진, 조규영

발행일	2022년 6월 1일 초판 2022년 6월 1일 1쇄
발행인	(주)천재교육
주소	서울시 금천구 가산로9길 54
신고번호	제2001-000018호
고객센터	1577-0902

똑똑한 하루 Phonics

하루 6쪽!
쉽고 재미있게!

2B
연속자음 + 이중자음

똑똑한 하루 Phonics   ★ Level 2B ★

이렇게 구성했어요!

배울 내용을 이야기로 살펴 보고,
스티커를 붙이며 학습을 준비해요.

1~4일
학습

발음 동영상으로
익혀 보세요.

연속자음과 이중자음이 단어 속에서 어떻게 소리
나는지 만화와 발음 동영상을 보며 익혀요.

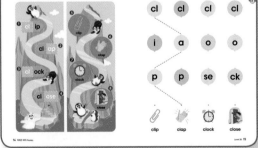

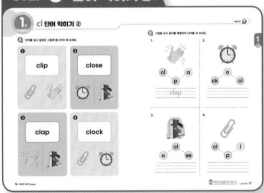

랩으로 익히는 단어 읽기 연습과 듣기 활동은 소리와
글자를 매치하여 단어를 읽을 수 있게 도와줘요.

단어 읽기 및 쓰기 활동을 통해 스스로 단어를 읽고
쓸 수 있어요.

5일
복습

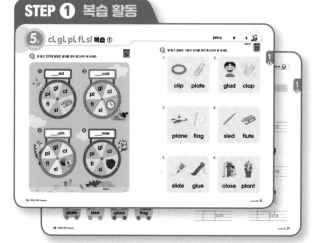

문제를 풀어 보며 연속자음과 이중자음의 소리와
단어를 복습해요.

한 주 동안 배운 단어로 구성된 스토리와 사이트
워드로 읽기 자신감을 키워요.

누구나 100점 TEST

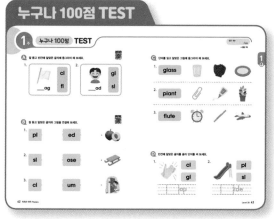

한 주 동안 배운 내용을 문제로 확인해요.

Brain Game

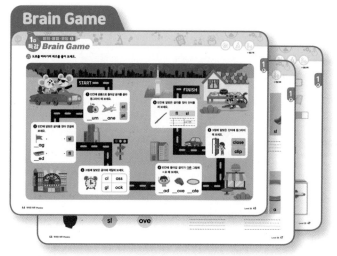

창의·융합·코딩 활동으로 복습은 물론!
재미와 사고력까지 UP!

단어 카드로
매일 복습하며
재미 쑥! 실력 쑥!

놀이 부록

단어 카드를 뜯어서 놀이하듯
재미있게 연속자음과 이중자음을
복습해요.

무엇을 배울까요?

연속자음과 이중자음의 소리

🎤 글자를 손으로 짚으며 소리를 말해 보세요.

cl [클ㄹ]	**gl** [글ㄹ]	**pl** [플ㄹ]	**fl** ['플ㄹ]
sl [슬ㄹ]	**br** [브뤄]	**dr** [드뤄]	**cr** [크뤄]
gr [ㄱ뤄]	**fr** ['ㅍ뤄]	**tr** [ㅌ뤄]	**ck** [ㅋ]
ng [응]	**nk** [응ㅋ]	**lk** [을ㅋ]	**nd** [은ㄷ]
ch [ㅊ]	**sh** [쉬]	**th** [ᵗʰㅆ]	**wh** [워]

ph
['ㅍ]

Tip 연속자음과 이중자음은 자음 두 개가 붙어 있는 글자야. 두 자음의 소리가 이어서 나기도 하고 새로운 소리로 변하기도 해.

함께 배울 친구들

우프

안녕, 난 늑대 '우프'야.
무서운 늑대를 상상하지 마.
난 토끼 친구를 제일 좋아하는 착한 늑대니까.
난 게임하는 것을 좋아해. 승부욕이 강하지.
장난치는 것도 좋아해서
가끔 레니를 화나게 하기도 해.
오늘은 레니를 만나 어떤 게임을 하며
시간을 보낼까?

레니

안녕, 난 토끼 '레니'야.
우프의 단짝이지.
개구쟁이 우프가 가끔 얄밉기도 하지만
우프와 함께하는 게 좋아.
재미난 시간을 보낼 수 있거든.
오늘도 신나는 게임을 할 것 같은
예감이 드는 걸.

이번 주에는 무엇을 배울까? ❶

1 아, 지루해.

우프, 우리 저기에 가 보자.

2 '자음 소리를 찾아라!' 게임을 하러 오신 여러분, 환영합니다.

여러분은 방을 돌아 다니며 자음 두 개가 붙어 있는 글자의 소리를 이 마이크에 담아 오면 됩니다.

3 자음 두 개가 붙어 있는 글자라고? 재밌겠는데.

우프, 너 그게 어떤 글자들인지 알아?

4 그럼. 자음은 모음이 아닌 알파벳이고,

두 개가 붙어 있으니까 cl, gl, pl 같은 글자들 아니겠어?

5 제법인데.

소리도 낼 줄 안다고.

6 그래? 그럼 확인해 볼까?

어머, I이다!

이번 주에는 무엇을 배울까? ②

gl ove

fl ag

cl ap

알맞은 글자 스티커를 찾아 붙여 보세요.

pl ane

sl ide

Quiz

스티커 글자들에 공통으로 들어 있는 자음에
동그라미 해 보세요.

cl 소리 익히기

 cl이 단어 속에서 어떻게 소리 나는지 들어 보세요.

A cl의 소리를 듣고 따라 말해 보세요.

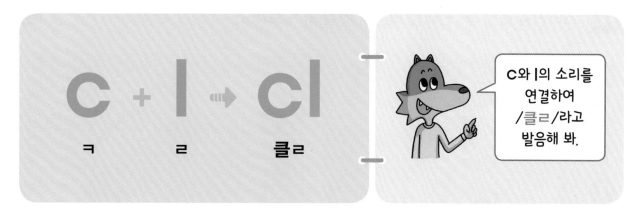

c + l ➡ cl
ㅋ   ㄹ   클ㄹ

C와 l의 소리를 연결하여 /클ㄹ/라고 발음해 봐.

B 잘 듣고 따라 말하면서 cl의 단어를 익혀 보세요.

1

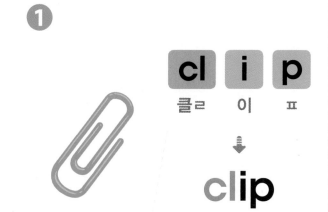

cl i p
클ㄹ 이 ㅍ
⬇
clip

2

cl a p
클ㄹ 애 ㅍ
⬇
clap

3

cl o ck
클ㄹ 아 ㅋ
⬇
clock

4

cl o se
클ㄹ 오우 ㅈ
⬇
close

① 클립 ② 손뼉 치다 ③ 시계 ④ 닫다   Level 2B **13**

cl 단어 익히기 ①

A 스티커를 붙인 후, 단어를 리듬에 맞춰 읽어 보세요.

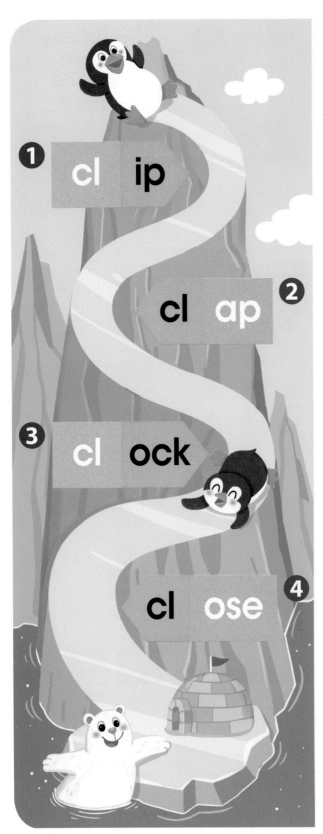

① cl ip

② cl ap

③ cl ock

④ cl ose

⑤ clip

⑥ clap

⑦ clock

⑧ close

▶정답 1쪽

B 잘 듣고 알맞은 글자와 그림을 연결해 보세요.

1.   2.   3.   4.

cl   cl   cl   cl

i   a   o   o

p   p   se   ck

clip   **clap**   **clock**   **close**

cl 단어 익히기 ②

A 단어를 읽고 알맞은 그림에 동그라미 해 보세요.

❶ clip

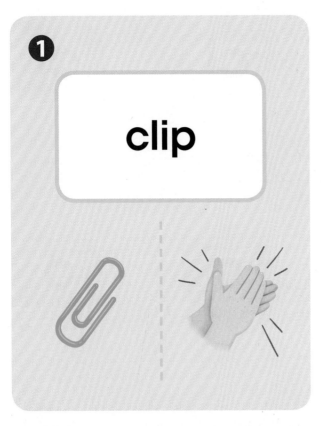

❷ close

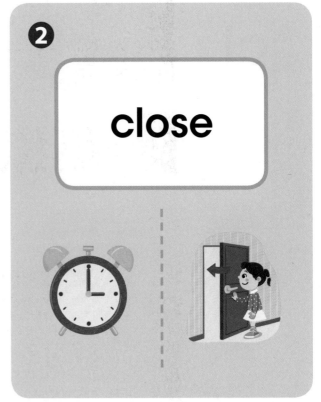

❸ clap

❹ clock

B 그림을 보고 글자를 배열하여 단어를 써 보세요.

1.

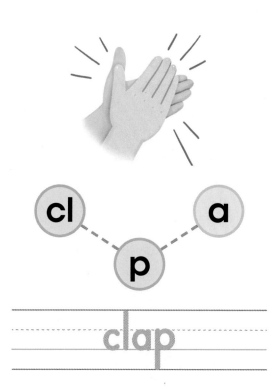

clap

2.

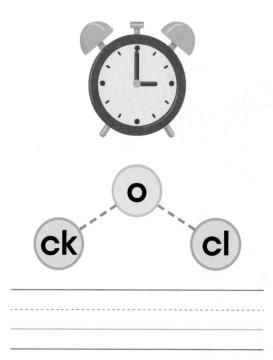

3.

4.

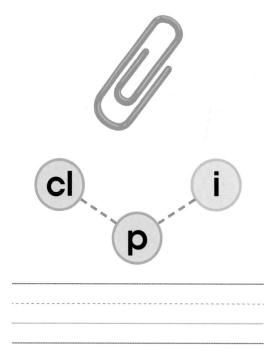

gl 소리 익히기

 gl이 단어 속에서 어떻게 소리 나는지 들어 보세요.

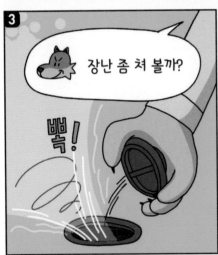

1주

A gl의 소리를 듣고 따라 말해 보세요.

g + l ➡ gl
ㄱ ㄹ 글ㄹ

g와 l의 소리를
연결하여
/글ㄹ/라고
발음해 봐.

B 잘 듣고 따라 말하면서 gl의 단어를 익혀 보세요.

1

gl a d
글ㄹ 애 ㄷ
⬇
gl**ad**

2

gl a ss
글ㄹ 애 ㅅ
⬇
gl**ass**

3

gl ue
글ㄹ 우-
⬇
gl**ue**

4

gl o ve
글ㄹ 오우 ᵇ
⬇
gl**ove**

① 기쁜 ② 유리잔 ③ (액체) 풀 ④ 야구 글러브 Level 2B **19**

gl 단어 익히기 ①

A 스티커를 붙인 후, 단어를 리듬에 맞춰 읽어 보세요.

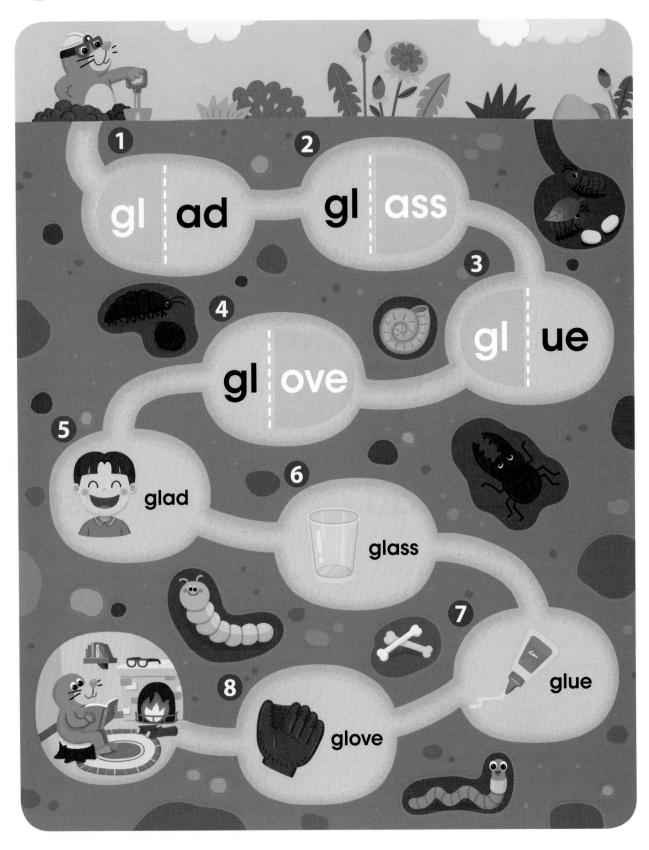

B 잘 듣고 알맞은 글자와 그림을 연결해 보세요.

1.

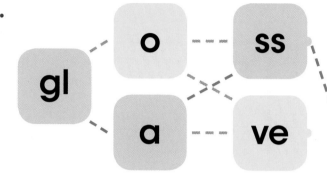

gl — o - - - ss
a - - - ve

2.

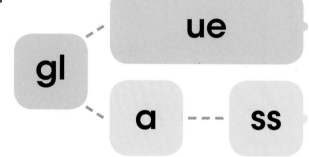

gl — ue
a - - - ss

3.

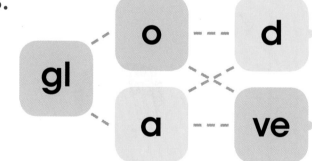

gl — o - - - d
a - - - ve

4.

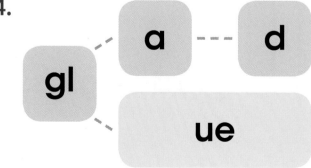

gl — a - - - d
ue

glove

glue

glass

glad

gl 단어 익히기 ②

A 그림을 보고 알맞은 단어에 동그라미 해 보세요.

❶

glad　　glove

❷

glass　　glue

❸
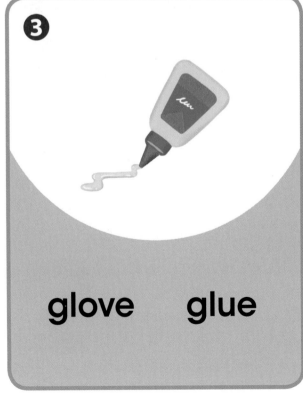

glove　　glue

❹

glad　　glass

B 그림을 보고 알맞은 글자에 색칠하고 써 보세요.

1.

gl	ove
	ass

glass

2.

gl	ue
	ad

3.

gl	ass
	ad

4.

gl	ove
	ue

복습
5.

cl	ap
	ip

복습
6.

cl	ock
	ose

pl 소리 익히기

📖 pl이 단어 속에서 어떻게 소리 나는지 들어 보세요.

A pl의 소리를 듣고 따라 말해 보세요.

p + l ➡ pl
ㅍ   ㄹ   플ㄹ

p와 l의 소리를
연결하여
/플ㄹ/라고
발음해 봐.

B 잘 듣고 따라 말하면서 pl의 단어를 익혀 보세요.

①
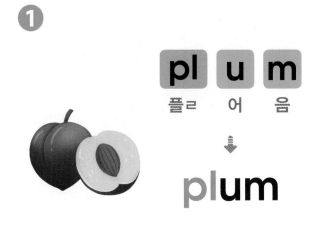

pl u m
플ㄹ 어 음
⬇
plum

②

pl a nt
플ㄹ 애 은ㅌ
⬇
plant

③

pl a ne
플ㄹ 에이 은
⬇
plane

④

pl a te
플ㄹ 에이 ㅌ
⬇
plate

① 자두 ② 식물 ③ 비행기 ④ (납작한) 접시   Level 2B **25**

pl 단어 익히기 ①

 스티커를 붙인 후, 단어를 리듬에 맞춰 읽어 보세요.

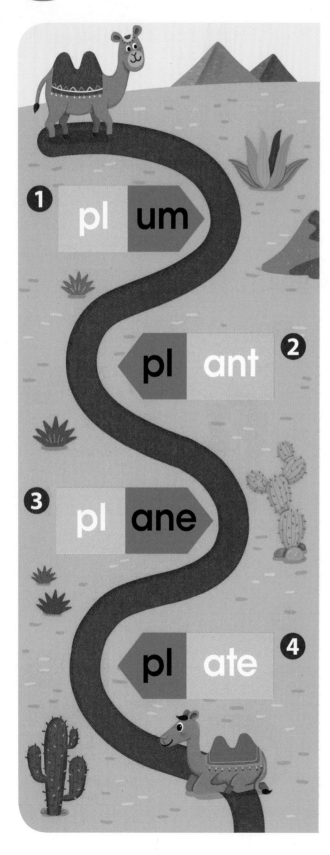

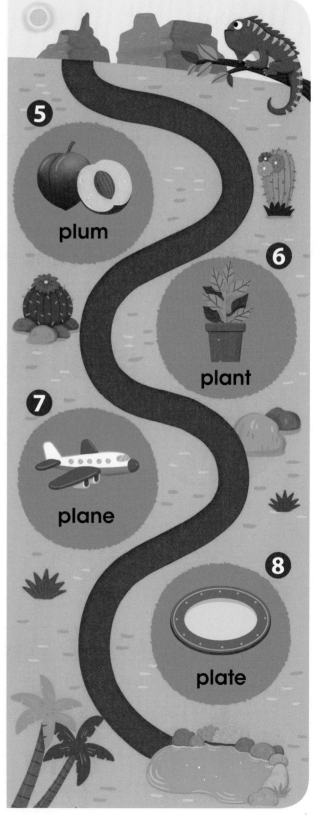

1 pl um

2 pl ant

3 pl ane

4 pl ate

5 plum

6 plant

7 plane

8 plate

B 잘 듣고 알맞은 글자와 그림을 연결해 보세요.

1.	2.	3.	4.
pl	pl	pl	pl
a	a	u	a
m	te	ne	nt

plum

plane

plate

plant

pl 단어 익히기 ②

A 단어를 읽고 알맞은 그림에 동그라미 해 보세요.

①

plate

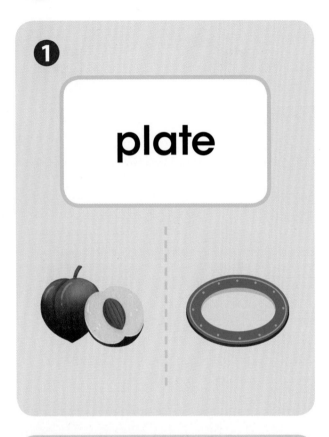

②

plant

③

plane

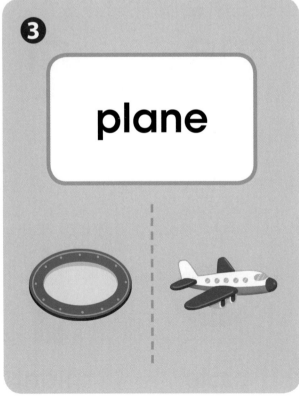

④

plum

B 그림을 보고 글자를 배열하여 단어를 써 보세요.

1.

pl - m - u

_____

2.

ne - a - pl

_____

3.

a - pl - te

_____

4.

pl - nt - a

_____

복습
5.

o - ve - gl

_____

복습
6.

se - cl - o

_____

29쪽의 단어들을 읽어 보세요.

4일 PHONICS

fl, sl 소리 익히기

 fl과 sl이 단어 속에서 어떻게 소리 나는지 들어 보세요.

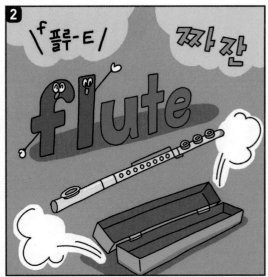

A fl과 sl의 소리를 듣고 따라 말해 보세요.

f + l ➡ fl
ᶠㅍ　ㄹ　　ᶠ플ㄹ

f와 l의 소리를 연결하여 /ᶠ플ㄹ/라고 발음해 봐.

❶

fl a g
ᶠ플ㄹ 애 ㄱ
⬇
flag

❷

fl u te
ᶠ플ㄹ 우- ㅌ
⬇
flute

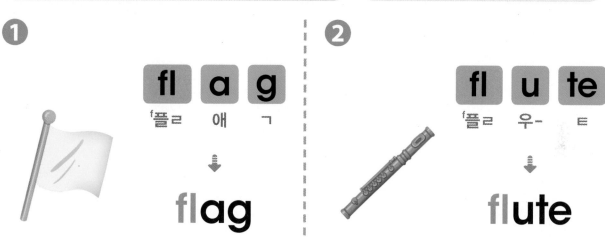

S + l ➡ sl
ㅅ　ㄹ　　슬ㄹ

S와 l의 소리를 연결하여 /슬ㄹ/라고 발음해 봐.

❸

sl e d
슬ㄹ 에 ㄷ
⬇
sled

❹

sl i de
슬ㄹ 아이 ㄷ
⬇
slide

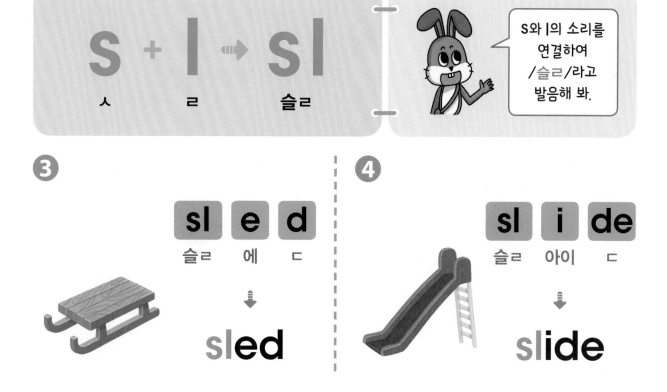

① 깃발 ② 플루트 ③ 썰매 ④ 미끄럼틀　Level 2B **31**

fl, sl 단어 익히기 ①

A 스티커를 붙인 후, 단어를 리듬에 맞춰 읽어 보세요.

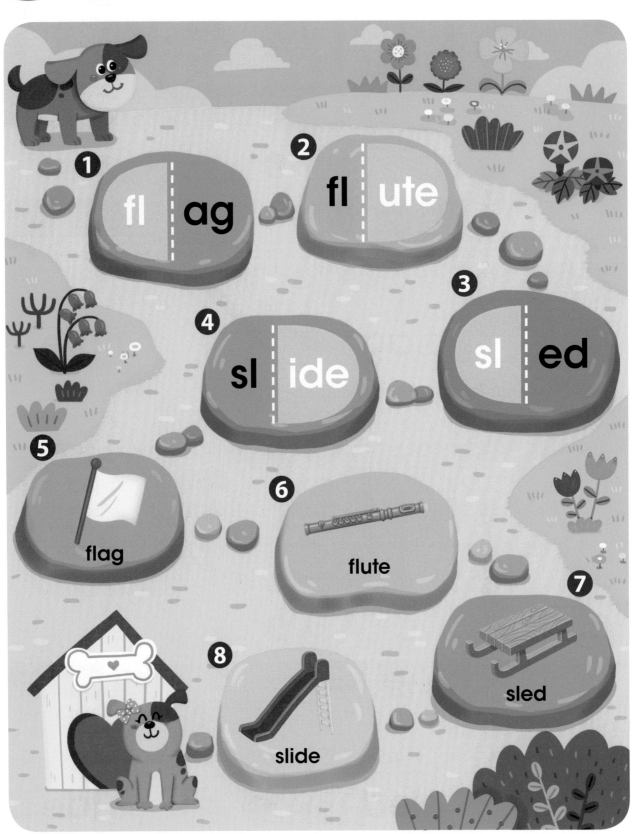

B 잘 듣고 알맞은 글자와 그림을 연결해 보세요.

1.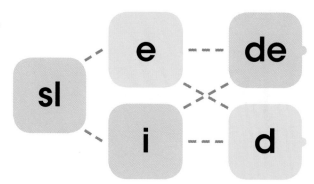

flag

2.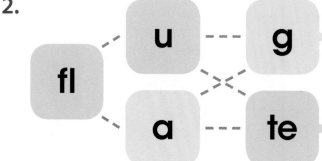

slide

3.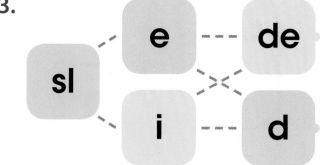

flute

4.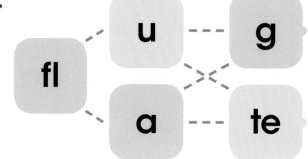

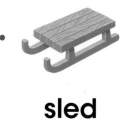

sled

fl, sl 단어 익히기 ②

A 그림을 보고 알맞은 단어에 동그라미 해 보세요.

❶
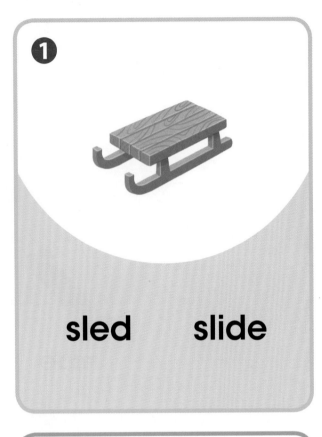

sled   slide

❷
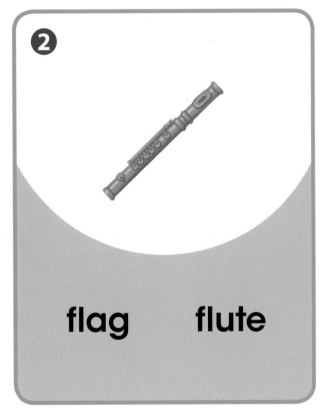

flag   flute

❸
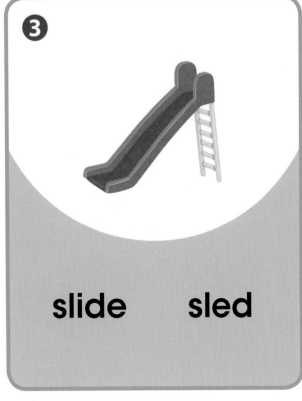

slide   sled

❹

flute   flag

B 그림을 보고 알맞은 글자에 색칠하고 써 보세요.

1.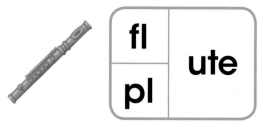

| fl | ute |
| pl | |

2.

| cl | ide |
| sl | |

3.

| gl | ag |
| fl | |

4.

| sl | ed |
| fl | |

복습
5.

| pl | ane |
| cl | |

복습
6.

| sl | ue |
| gl | |

35쪽의 단어들을 읽어 보세요.

cl, gl, pl, fl, sl 복습 ①

A 잘 듣고 빈칸에 알맞은 글자를 찾아 동그라미 해 보세요.

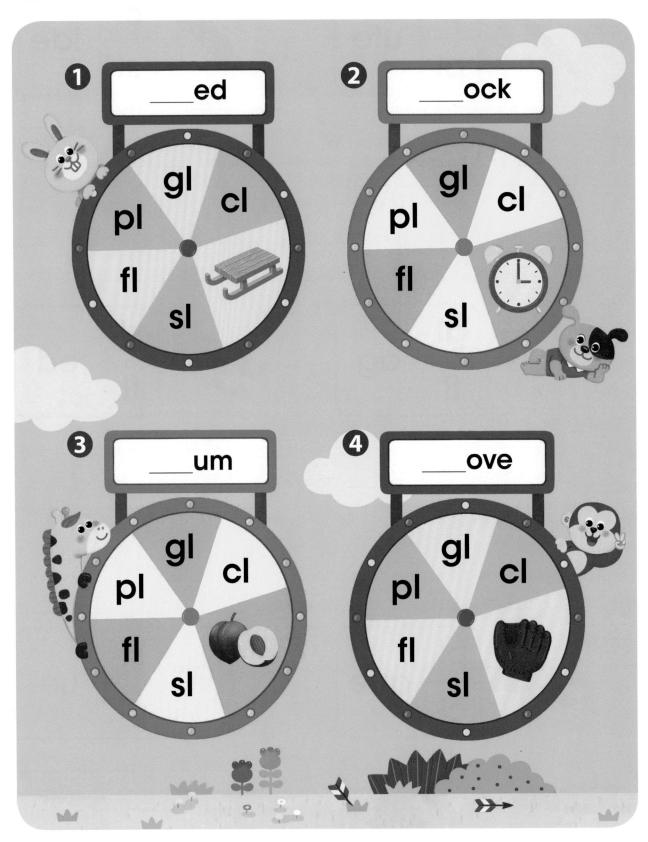

① ___ed

gl cl pl fl sl

② ___ock

gl cl pl fl sl

③ ___um

gl cl pl fl sl

④ ___ove

gl cl pl fl sl

▶정답 5쪽

B 잘 듣고 알맞은 그림과 단어를 찾아 동그라미 해 보세요.

1.

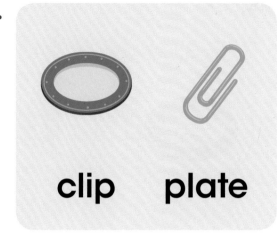

clip　　plate

2.

glad　　clap

3.

plane　　flag

4.

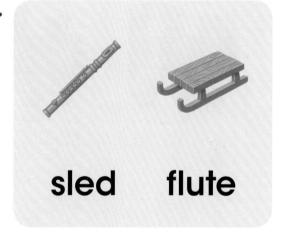

sled　　flute

5.

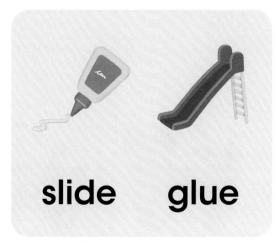

slide　　glue

6.

close　　plant

cl, gl, pl, fl, sl 복습 ②

 A 그림에 알맞게 연결하고, 단어를 읽어 보세요.

1. 　**2.** 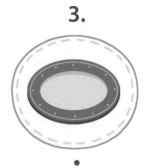　**3.** 　**4.**

pl　sl　gl　fl

ed　ag　ate　ass

 plate　 sled　 glass　 flag

B 빈칸에 알맞은 글자를 찾아 단어를 써 보세요.

fl	sl	cl	gl	pl

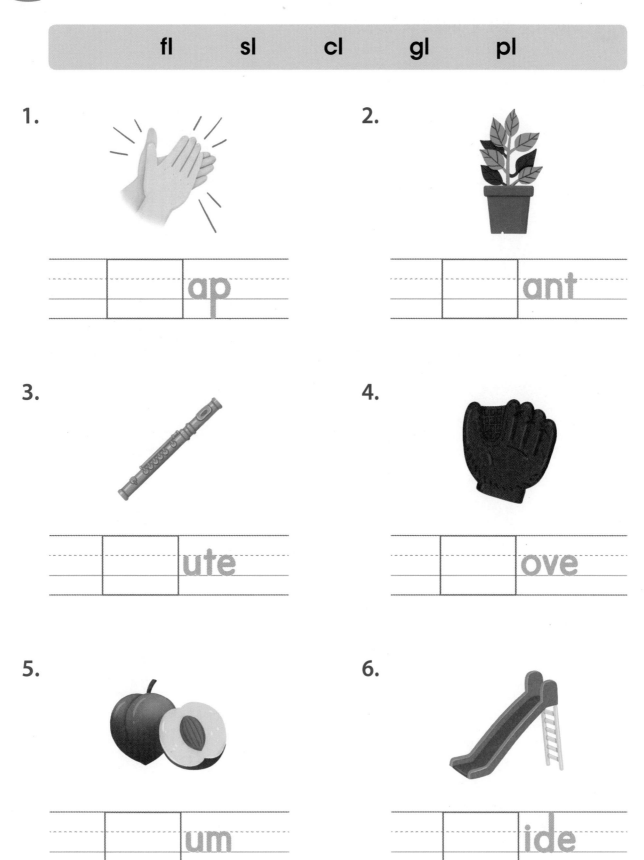

1.

ap

2.

ant

3.

ute

4.

ove

5.

um

6.

ide

Story Time

 이야기를 들으며 따라 읽어 보세요.

1. Glen plays with glue.

2. Glen plays with a flag.

3. Glen plays with a plate.

4. "You are good!"
Clap! Clap!

Sight Word

with를 찾아라!

B with를 모두 찾아 큰 소리로 읽으며 깃발의 색으로 색칠해 보세요.

- with는 '~을 가지고'라는 뜻이에요.
- with는 모두 몇 개인가요? _____개

A 잘 듣고 빈칸에 알맞은 글자에 동그라미 해 보세요.

1.

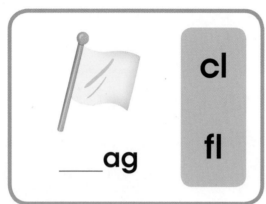

___ag

cl
fl

2.

___ad

gl
sl

B 잘 듣고 알맞은 글자와 그림을 연결해 보세요.

1. pl   ed

2. sl   ose

3. cl   um

C 단어를 읽고 알맞은 그림에 동그라미 해 보세요.

1. **glass**

2. **plant**

3. **flute**

D 빈칸에 알맞은 글자를 골라 단어를 써 보세요.

1.  cl / gl

ap

2.  pl / sl

ide

🎵 도로를 따라가며 퀴즈를 풀어 보세요.

START

❶ 빈칸에 공통으로 들어갈 글자를 골라 동그라미 해 보세요.

__um   __ane

cl
pl

❷ 빈칸에 알맞은 글자를 찾아 연결해 보세요.

__ag   ·   · sl

__ed   ·   · fl

❸ 그림에 알맞은 글자에 색칠해 보세요.

| cl | ass |
| gl | ock |

▶정답 7쪽

FINISH

6 빈칸에 알맞은 글자를 찾아 단어를 써 보세요.

fl   sl

ute

5 그림에 알맞은 단어에 동그라미 해 보세요.

close

clip

4 빈칸에 들어갈 글자가 다른 그림에 ×표 해 보세요.

__ad   __ove   __ate

A 그림자에 알맞은 글자를 찾아 연결해 보세요.

1.

 ·

fl　ute

2.

 ·

cl　ane

3.

 ·

pl　ed

4.

 ·

gl　ap

5.

 ·

sl　ove

B 그림 조각을 바르게 배열하면 나오는 단어를 써 보세요.

1.

o   cl   se

_____

2.

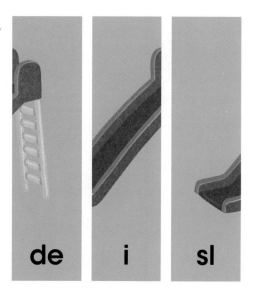

de   i   sl

_____

3.

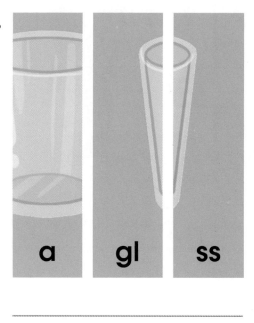

a   gl   ss

_____

4.

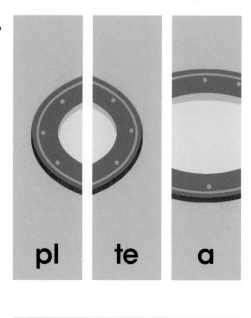

pl   te   a

_____

우프가 현관문 잠금장치 패턴을 잊어버렸어요. 단서를 보고 패턴을 그어 보세요.

단서 plum → flute → glue → clock → glass → sled

▶정답 8쪽

B 그림을 보고 보기 에서 알맞은 단어를 찾아 써 보세요.

보기   plant   close   clip   glove   flag

①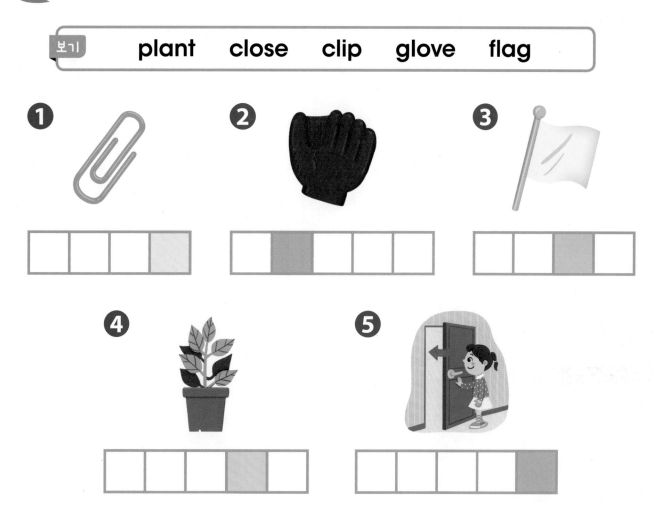

②

③

④

⑤

● 색깔 칸에 알맞은 글자를 쓰고, 해당하는 그림에 동그라미 해 보세요.

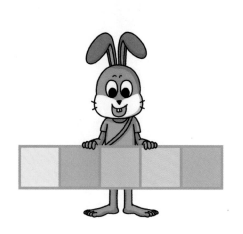

이번 주에는 무엇을 배울까? ❶

1 /클ㄹ/, /글ㄹ/, /플ㄹ/, /ᶠ플ㄹ/, /슬ㄹ/!

cl, gl, pl, fl, sl

자음 소리를 벌써 다섯 개나 모았어.

2 저기 r이 있어.

\뤄/ \뤄/ \뤄/

3 아야!

4 너 괜찮아?

아니, 아파.

5 너희는 소리 찾기 게임을 하는 중이지?

맞아. 자음 두 개가 같이 있는 글자의 소리를 담고 있어.

6 그런 글자는 어떻게 소리 나지?

두 자음의 소리를 이어서 내면 돼. cl의 소리 /클ㄹ/처럼 말이야.

7 제법인데.

너 모르는 척한 거였어?

알맞은 글자 스티커를 찾아 붙여 보세요.

▶정답 9쪽

Quiz

스티커 글자들에 공통으로 들어 있는 자음에
동그라미 해 보세요.

br 소리 익히기

📖 br이 단어 속에서 어떻게 소리 나는지 들어 보세요.

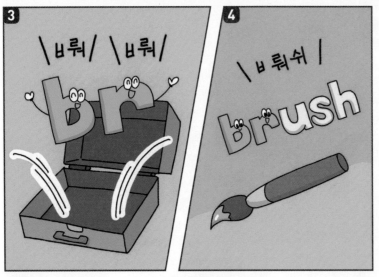

A br의 소리를 듣고 따라 말해 보세요.

b + r ➡ br
브   뤄   브뤄

b와 r의 소리를 연결하여 /브뤄/라고 발음해 봐.

2
주

B 잘 듣고 따라 말하면서 br의 단어를 익혀 보세요.

①
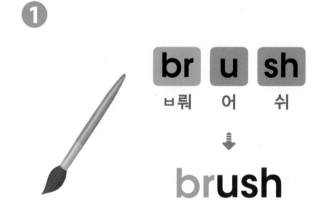

br u sh
브뤄 어 쉬
⬇
brush

②

br i ck
브뤄 이 ㅋ
⬇
brick

③

br i de
브뤄 아이 ㄷ
⬇
bride

④

br a ve
브뤄 에이 ᵛㅂ
⬇
brave

① 붓 ② 벽돌 ③ 신부 ④ 용감한   Level 2B **55**

br 단어 익히기 ①

A 스티커를 붙인 후, 단어를 리듬에 맞춰 읽어 보세요.

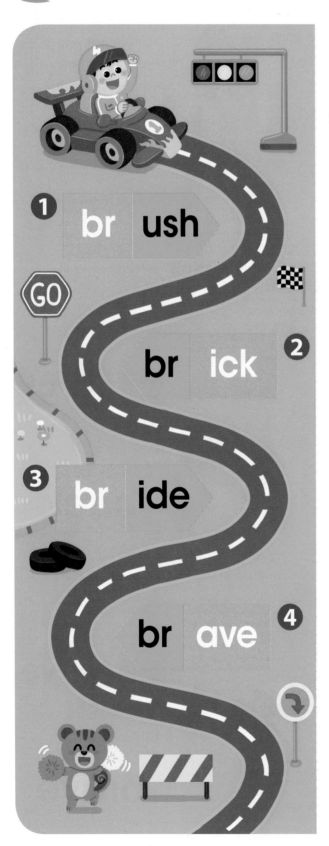

1. br ush
2. br ick
3. br ide
4. br ave

5. brush
6. brick
7. bride
8. brave

B 잘 듣고 알맞은 글자와 그림을 연결해 보세요.

1.   2.   3.   4.

br   br   br   br

i   u   i   a

ck   ve   de   sh

brave

brick

brush

bride

br 단어 익히기 ②

A 단어를 읽고 알맞은 그림에 동그라미 해 보세요.

①

bride

②

brush

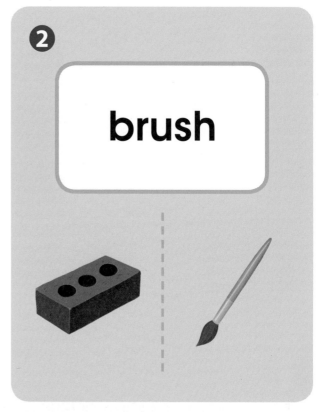

③

brick

④

brave

B 그림을 보고 글자를 배열하여 단어를 써 보세요.

1.

(ck) (i) (br)

2.

(sh) (br) (u)

3.

(i) (br) (de)

4.

(ve) (a) (br)

복습
5.

(fl) (te) (u)

복습
6.

(i) (de) (sl)

59쪽의 단어들을 읽어 보세요.

dr 소리 익히기

📖 dr이 단어 속에서 어떻게 소리 나는지 들어 보세요.

A dr의 소리를 듣고 따라 말해 보세요.

d + r ➡ dr
ㄷ　　뤄　　ㄷ뤄

d와 r의 소리를 연결하여 /ㄷ뤄/라고 발음해 봐.

B 잘 듣고 따라 말하면서 dr의 단어를 익혀 보세요.

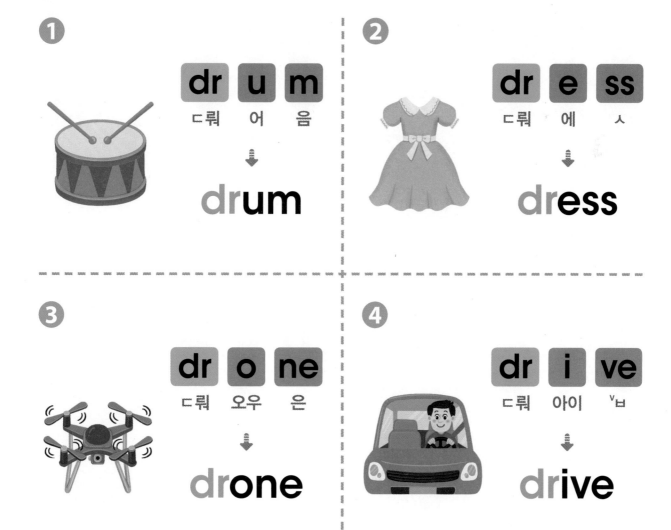

① dr u m
ㄷ뤄 어 음
⬇
drum

② dr e ss
ㄷ뤄 에 ㅅ
⬇
dress

③ dr o ne
ㄷ뤄 오우 은
⬇
drone

④ dr i ve
ㄷ뤄 아이 ᵛㅂ
⬇
drive

(① 북, 드럼 ② 원피스, 드레스 ③ 드론 ④ 운전하다)

dr 단어 익히기 ①

A 스티커를 붙인 후, 단어를 리듬에 맞춰 읽어 보세요.

B 잘 듣고 알맞은 글자와 그림을 연결해 보세요.

1.

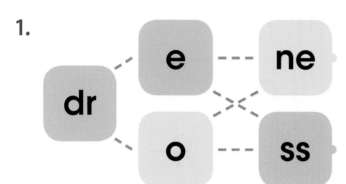

dr | e | ne
o | ss

drone

2.

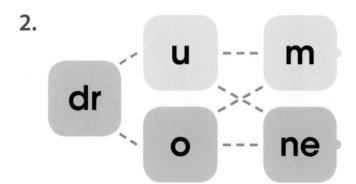

dr | u | m
o | ne

drive

3.

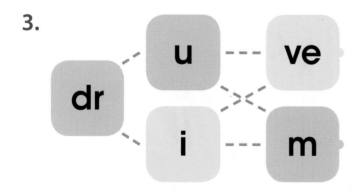

dr | u | ve
i | m

dress

4.

dr | e | ve
i | ss

drum

dr 단어 익히기 ②

A 그림을 보고 알맞은 단어에 동그라미 해 보세요.

❶

dress   drone

❷
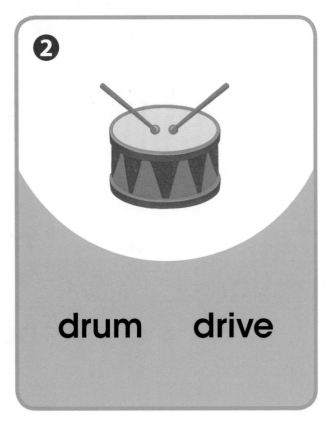

drum   drive

❸

drum   drone

❹

drive   dress

B 그림을 보고 알맞은 글자에 색칠하고 써 보세요.

1.

dr	um
	one

2.

dr	ive
	ess

3.

dr	ive
	um

4.

dr	ess
	one

복습
5.

br	ick
	ush

복습
6.

gl	ove
	ass

65쪽의 단어들을 읽어 보세요.

cr, gr 소리 익히기

 cr과 gr이 단어 속에서 어떻게 소리 나는지 들어 보세요.

A cr과 gr의 소리를 듣고 따라 말해 보세요.

c + r ➡ cr
ㅋ   뤄   ㅋ뤄

c와 r의 소리를
연결하여
/ㅋ뤄/라고
발음해 봐.

①

cr a b
ㅋ뤄 애 ㅂ
⬇
crab

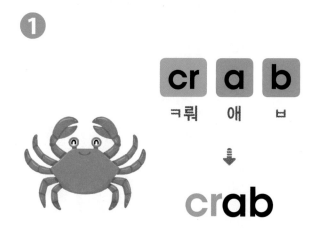

②

cr o ss
ㅋ뤄 아 ㅅ
⬇
cross

g + r ➡ gr
ㄱ   뤄   ㄱ뤄

g와 r의 소리를
연결하여
/ㄱ뤄/라고
발음해 봐.

③

gr a ss
ㄱ뤄 애 ㅅ
⬇
grass

④

gr a pe
ㄱ뤄 에이 ㅍ
⬇
grape

① 게 ② 건너다 ③ 잔디 ④ 포도 (한 알)

cr, gr 단어 익히기 ①

3

A 스티커를 붙인 후, 단어를 리듬에 맞춰 읽어 보세요.

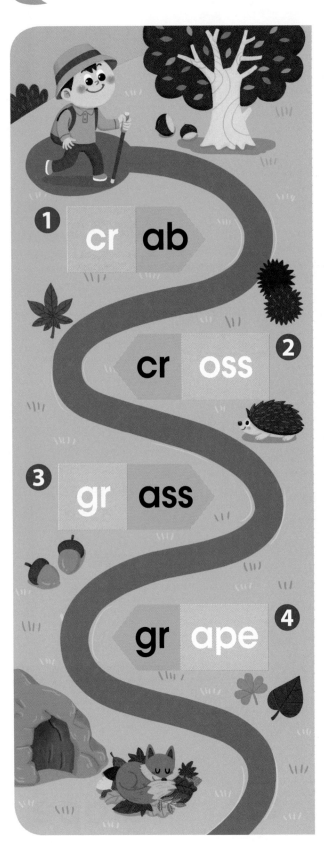

1 cr ab

2 cr oss

3 gr ass

4 gr ape

5 crab

6 cross

7 grass

8 grape

▶정답 11쪽

B 잘 듣고 알맞은 글자와 그림을 연결해 보세요.

1.	2.	3.	4.
cr	cr	gr	gr
o	a	a	a
ss	ss	pe	b

cross　　**grape**　　**crab**　　**grass**

cr, gr 단어 익히기 ②

A 단어를 읽고 알맞은 그림에 동그라미 해 보세요.

① grape

② cross

③ crab

④ grass

B 그림을 보고 글자를 배열하여 단어를 써 보세요.

1.

(cr) - (ss) - (o)

_____

2.

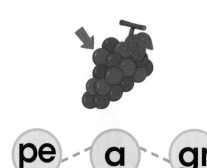

(pe) - (a) - (gr)

_____

3.

(a) - (b) - (cr)

_____

4.

(a) - (gr) - (ss)

_____

복습
5.

(nt) - (a) - (pl)

_____

복습
6.

(dr) - (ve) - (i)

_____

71쪽의 단어들을 읽어 보세요.   Level 2B **71**

fr, tr 소리 익히기

📖 fr과 tr이 단어 속에서 어떻게 소리 나는지 들어 보세요.

A fr과 tr의 소리를 듣고 따라 말해 보세요.

f + r ➡ fr

ᶠㅍ　　뤄　　ᶠㅍ뤄

f와 r의 소리를 연결하여 /ᶠㅍ뤄/라고 발음해 봐.

①

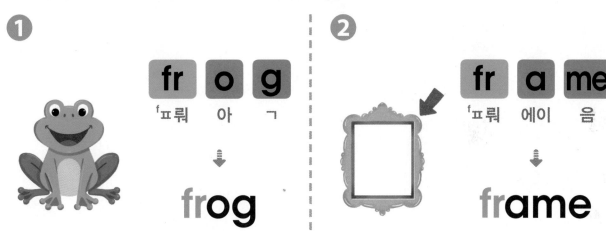

fr o g
ᶠㅍ뤄 아 ㄱ

⬇

frog

②

fr a me
ᶠㅍ뤄 에이 음

⬇

frame

t + r ➡ tr

ㅌ　　뤄　　ㅌ뤄

t와 r의 소리를 연결하여 /ㅌ뤄/라고 발음해 봐.

③

tr i p
ㅌ뤄 이 ㅍ

⬇

trip

④

tr u ck
ㅌ뤄 어 ㅋ

⬇

truck

① 개구리 ② 틀, 액자 ③ 여행 ④ 트럭 　Level 2B **73**

fr, tr 단어 익히기 ①

A 스티커를 붙인 후, 단어를 리듬에 맞춰 읽어 보세요.

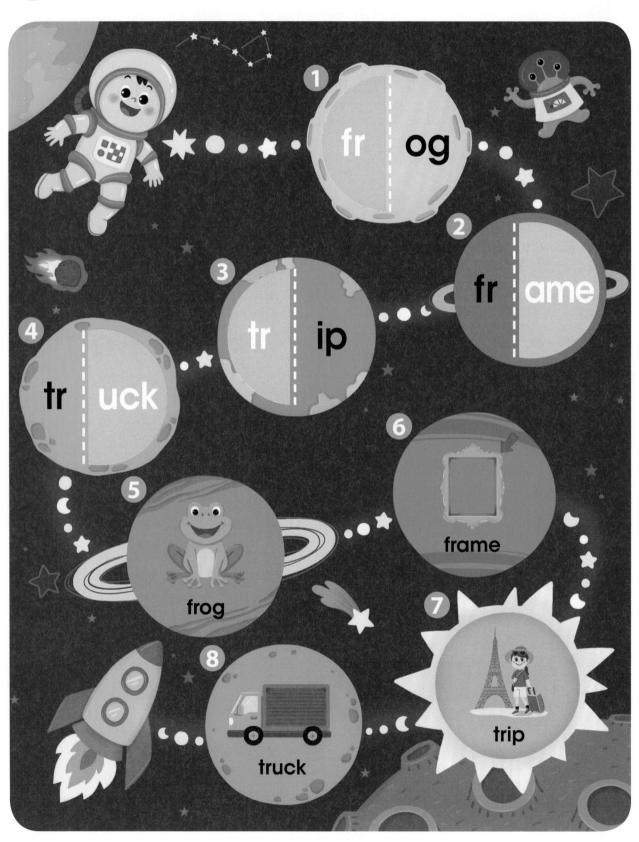

1. fr | og
2. fr | ame
3. tr | ip
4. tr | uck
5. frog
6. frame
7. trip
8. truck

▶정답 12쪽

B 잘 듣고 알맞은 글자와 그림을 연결해 보세요.

2
주

1.

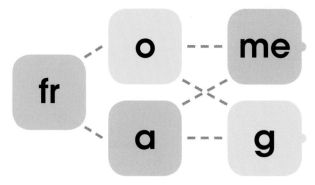

fr · o · me
· a · g

trip

2.

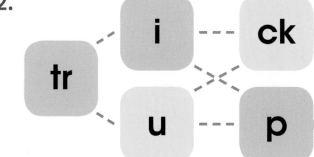

tr · i · ck
· u · p

frame

3.

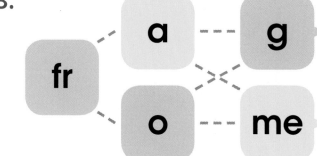

fr · a · g
· o · me

truck

4.

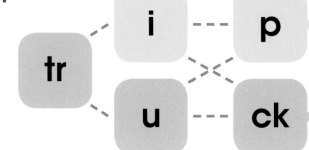

tr · i · p
· u · ck

frog

fr, tr 단어 익히기 ②

A 그림을 보고 알맞은 단어에 동그라미 해 보세요.

❶

truck   trip

❷

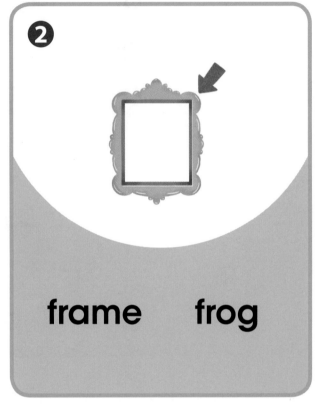

frame   frog

❸

frog   frame

❹

trip   truck

B 그림을 보고 알맞은 글자에 색칠하고 써 보세요.

1.

| br | og |
| fr | |

_____

2.

| tr | ip |
| fr | |

_____

3.

| fr | ame |
| gr | |

_____

4.

| dr | uck |
| tr | |

_____

복습

5.

| cl | ag |
| fl | |

_____

복습

6.

| cr | oss |
| gr | |

_____

77쪽의 단어들을 읽어 보세요.

br, dr, cr, gr, fr, tr 복습 ①

A 잘 듣고 빈칸에 알맞은 글자를 골라 동그라미 해 보세요.

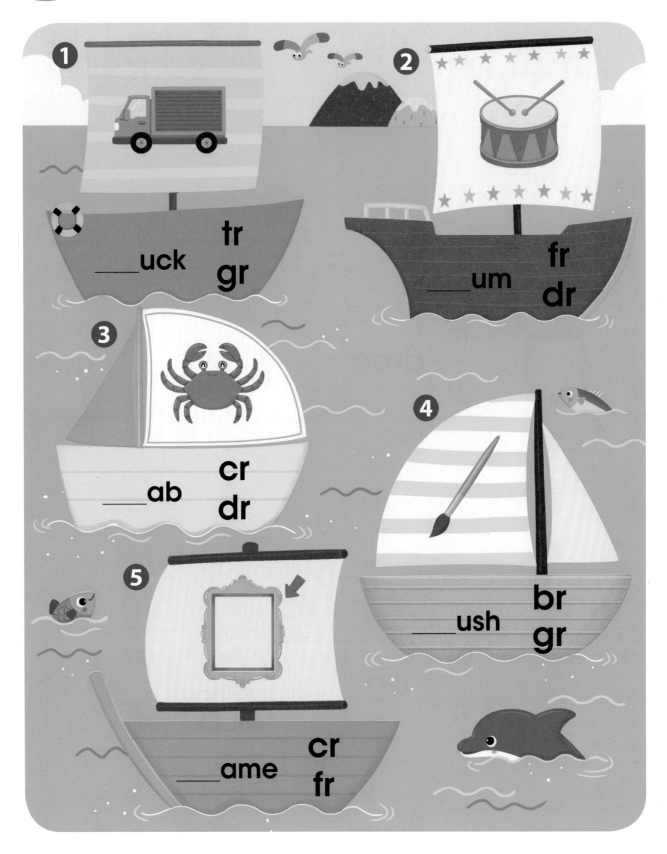

1. ___uck　tr　gr

2. ___um　fr　dr

3. ___ab　cr　dr

4. ___ush　br　gr

5. ___ame　cr　fr

▶정답 13쪽

B 잘 듣고 알맞은 그림과 단어를 찾아 동그라미 해 보세요.

1.

dress **brick**

2.

bride **truck**

3.

trip **drone**

4.

frog **grass**

5.

drive **cross**

6.

grape **brave**

A 그림에 알맞게 연결하고, 단어를 읽어 보세요.

1.
2.
3.
4.

 dr  cr  gr  tr

oss ess ip ape

 dress  trip  grape  cross

B 빈칸에 알맞은 글자를 찾아 단어를 써 보세요.

dr	br	gr	cr	fr	tr

1.

ide

2.

og

3.

one

4.

uck

5.

ass

6.

ab

Story Time

A 이야기를 들으며 따라 읽어 보세요.

What is in the grass?

Is it a brown crab?

Is it a brown frog?

No. It is a brown drone.

Sight Word

▶정답 14쪽

it을 찾아라!

B it을 모두 찾아 큰 소리로 읽으며 동그라미 해 보세요.

- it은 '그것'이라는 뜻이에요.
- it은 모두 몇 개인가요? _____개

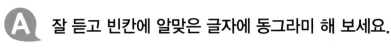

Ⓐ 잘 듣고 빈칸에 알맞은 글자에 동그라미 해 보세요.

1.
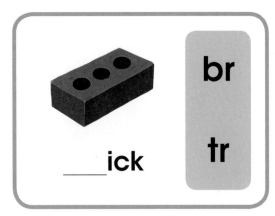

____ick

br
tr

2.

____ab

gr
cr

Ⓑ 잘 듣고 알맞은 글자와 그림을 연결해 보세요.

1.
fr

ass

2.
dr

ame

3.
gr

ess

C 단어를 읽고 알맞은 그림에 동그라미 해 보세요.

1. trip

2. bride

3. drone

D 빈칸에 알맞은 글자를 골라 단어를 써 보세요.

1.

br

gr

ave

2.

cr

fr

oss

🎵 숲길을 따라가며 퀴즈를 풀어 보세요.

START

❶ 빈칸에 공통으로 들어갈 글자를 골라 동그라미 해 보세요.

__ush __ick

br
cr

❷ 빈칸에 알맞은 글자를 찾아 연결해 보세요.

__ass · · gr

__ame · · fr

❸ 그림에 알맞은 글자에 색칠해 보세요.

cr	uck
tr	oss

▶정답 15쪽

5 그림에 알맞은 단어에 동그라미 해 보세요.

drum

drone

6 빈칸에 알맞은 글자를 찾아 단어를 써 보세요.

cr   fr

ab

4 빈칸에 들어갈 글자가 다른 그림에 ×표 해 보세요.

__ive   __ide   __ave

FINISH

A 그림을 보고 퍼즐의 빈칸에 공통으로 들어갈 글자를 써 보세요.

①

		i	d	e
u				
s				
h				

②

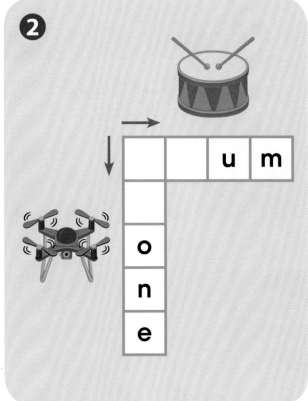

		u	m
o			
n			
e			

③

		i	p
u			
c			
k			

④

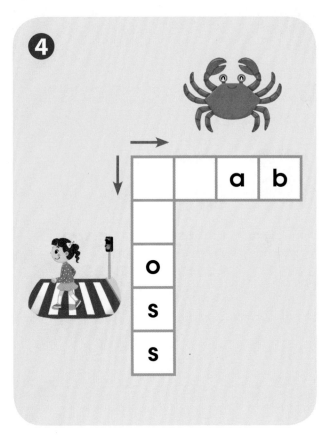

		a	b
o			
s			
s			

▶정답 16쪽

B 그림을 보고 빈칸에 알맞은 글자를 써 보세요.

❶ ___ick

❷ ___ive

❸ ___oss

❹ ___ape

❺ ___ame

❻ ___uck

● 각 칸을 빈칸에 쓴 글자에 해당하는 색으로 색칠해 보세요.

dr br cr fr tr gr

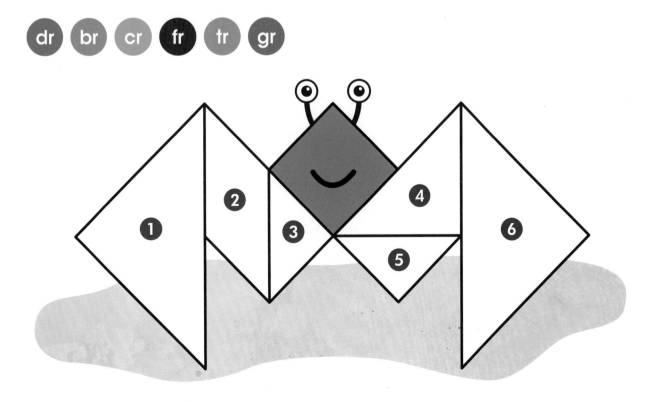

A 빈칸에 알맞은 글자를 골라 쓰고, 단어 순서대로 미로를 빠져나가 보세요.

dress → crab → frog → brush → grass

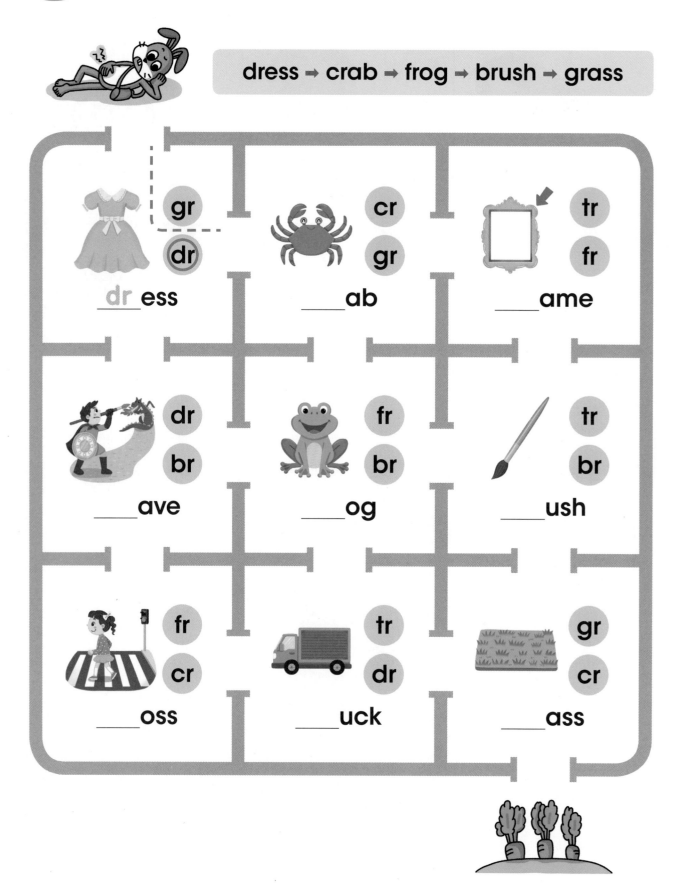

gr
dr
__dr__ ess

cr
gr
___ab

tr
fr
___ame

dr
br
___ave

fr
br
___og

tr
br
___ush

fr
cr
___oss

tr
dr
___uck

gr
cr
___ass

▶정답 16쪽

B 사다리를 타고 내려가 단어를 쓰고, 그림 스티커를 찾아 붙여 보세요.

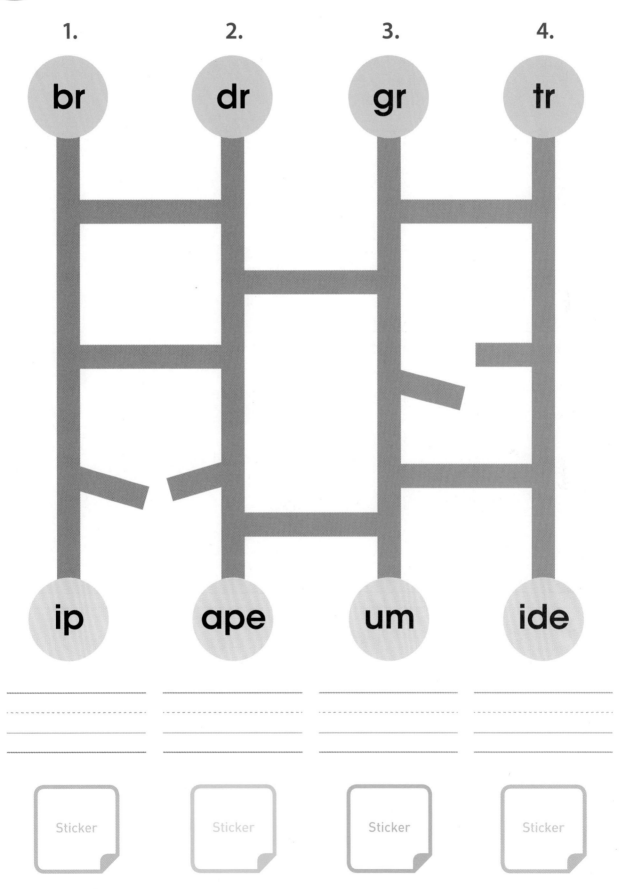

1. **br**

2. **dr**

3. **gr**

4. **tr**

ip

ape

um

ide

| Sticker | Sticker | Sticker | Sticker |

1 여기까지 오신 여러분께 드리는 보너스!

으응?

2 이거 봐. 이게 이번에 우리가 찾아야 하는 글자들이래.

그래? 줘 봐.

3 뭐가 달라?

아니. 이번에도 자음 두 개가 붙어 있어.

4 어디 한번 소리 내 볼까?

br의 소리가 /브뤄/니까

ck는 /ㅋㅋ/, ng는 /ㄴㄱ/로 소리 나겠지.

5 소리가 이상한데?

자음 두 개가 붙어 있으니까 이어서 소리 내면 되지 않아?

6 모든 자음을 다 그렇게 소리 내는 건 아니야.

n이랑 k다!

알맞은 글자 스티커를 찾아 붙여 보세요.

Quiz
단어의 마지막에서 /ㅋ/로 소리 나는 글자를
찾아 모두 동그라미 해 보세요.

ck 소리 익히기

📖 ck가 단어 속에서 어떻게 소리 나는지 들어 보세요.

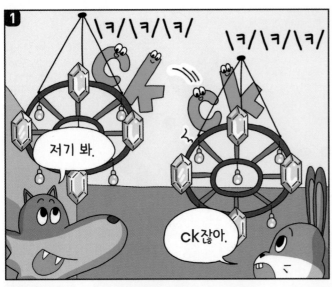

A ck의 소리를 듣고 따라 말해 보세요.

ck
ㅋ

c와 k가 만나면
/ㅋ/ 소리가 나.
입을 살짝 벌리고
발음해 봐.

B 잘 듣고 따라 말하면서 ck의 단어를 익혀 보세요.

❶

d u ck
ㄷ 어 ㅋ
⬇
duc**k**

❷

n e ck
ㄴ 에 ㅋ
⬇
nec**k**

❸

k i ck
ㅋ 이 ㅋ
⬇
kic**k**

❹

s i ck
ㅅ 이 ㅋ
⬇
sic**k**

① 오리 ② 목 ③ (발로) 차다 ④ 아픈   Level 2B **97**

ck 단어 익히기 ①

A 스티커를 붙인 후, 단어를 리듬에 맞춰 읽어 보세요.

① du ck

② ne ck

③ ki ck

④ si ck

⑤ duck

⑥ neck

⑦ kick

⑧ sick

▶정답 17쪽

B 잘 듣고 알맞은 글자와 그림을 연결해 보세요.

1.   2.   3.   4.

k   n   d   s

e   i   i   u

ck   ck   ck   ck

3
주

duck

kick

neck

sick

ck 단어 익히기 ②

A 단어를 읽고 알맞은 그림에 동그라미 해 보세요.

1 sick

2 duck

3 neck

4 kick

B 그림을 보고 글자를 배열하여 단어를 써 보세요.

1.

d — ck — u

_____

2.

ck — i — s

_____

3.
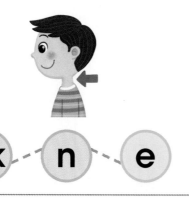

ck — n — e

_____

4.

i — k — ck

_____

복습
5.

tr — ck — u

_____

복습
6.
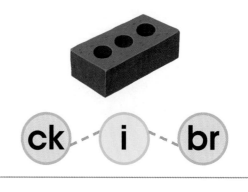

ck — i — br

_____

101쪽의 단어들을 읽어 보세요.

ng 소리 익히기

📖 ng가 단어 속에서 어떻게 소리 나는지 들어 보세요.

ng의 소리를 듣고 따라 말해 보세요.

ng
응

n과 g가 만나면
새로운 소리로 변해.
힘주는 소리처럼
/응/ 하고 발음해 봐.

 잘 듣고 따라 말하면서 ng의 단어를 익혀 보세요.

①

k i ng
ㅋ 이 응
↕
king

②

r i ng
뤄 이 응
↕
ring

③

s i ng
ㅅ 이 응
↕
sing

④

sw i ng
스워 이 응
↕
swing

① 왕 ② 반지 ③ 노래하다 ④ 그네   Level 2B **103**

ng 단어 익히기 ①

A 스티커를 붙인 후, 단어를 리듬에 맞춰 읽어 보세요.

▶정답 18쪽

B 잘 듣고 알맞은 글자와 그림을 연결해 보세요.

1.

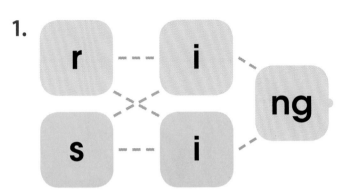

r --- i

s --- i

ng

ring

2.

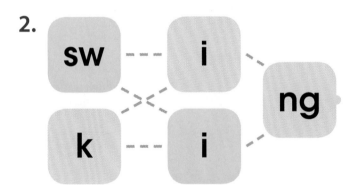

sw --- i

k --- i

ng

sing

3.

s --- i

r --- i

ng

king

4.

k --- i

sw --- i

ng

swing

ng 단어 익히기 ②

A 그림을 보고 알맞은 단어에 동그라미 해 보세요.

❶

swing   king

❷

sing   ring

❸

ring   king

❹
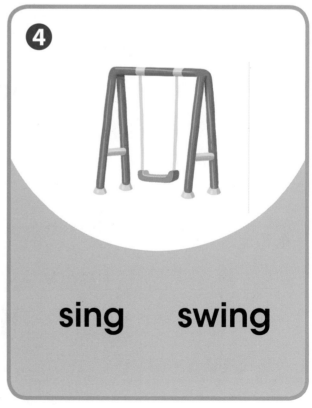
sing   swing

B 그림을 보고 알맞은 단어에 색칠하고 써 보세요.

1.

| swing |
| sing |

_____

2.

| ring |
| king |

_____

3.

| sing |
| king |

_____

4.

| ring |
| swing |

_____

복습
5.

| kick |
| sick |

_____

복습
6.

| drive |
| drum |

_____

107쪽의 단어들을 읽어 보세요.

nk 소리 익히기

📖 nk가 단어 속에서 어떻게 소리 나는지 들어 보세요.

A nk의 소리를 듣고 따라 말해 보세요.

nk
응크

/응/ 소리 뒤에
약하게 /ㅋ/ 소리를 덧붙여서
/응크/라고 발음해 봐.

3
주

B 잘 듣고 따라 말하면서 nk의 단어를 익혀 보세요.

①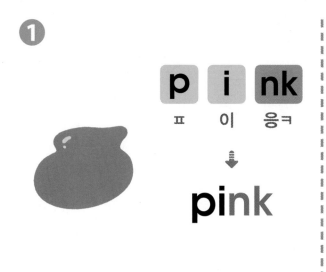

p i nk
ㅍ 이 응크
↓
pink

②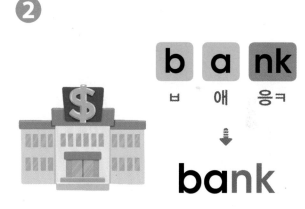

b a nk
ㅂ 애 응크
↓
bank

③

dr i nk
드뤄 이 응크
↓
drink

④

sk u nk
스크 어 응크
↓
skunk

① 분홍색 ② 은행 ③ 마시다 ④ 스컹크   Level 2B **109**

nk 단어 익히기 ①

A 스티커를 붙인 후, 단어를 리듬에 맞춰 읽어 보세요.

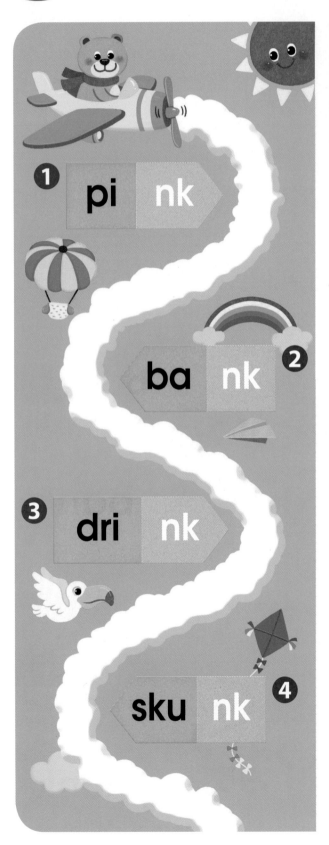

1 pi nk

2 ba nk

3 dri nk

4 sku nk

5 pink

6 bank

7 drink

8 skunk

B 잘 듣고 알맞은 글자와 그림을 연결해 보세요.

1.	2.	3.	4.
sk	dr	p	b
i	u	a	i
nk	nk	nk	nk

drink

skunk

bank

pink

nk 단어 익히기 ②

A 단어를 읽고 알맞은 그림에 동그라미 해 보세요.

① pink

② skunk

③ bank

④ drink

B 그림을 보고 글자를 배열하여 단어를 써 보세요.

1.

nk — a — b

2.

dr — nk — i

3.

u — nk — sk

4.

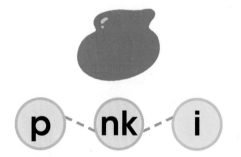

p — nk — i

복습
5.

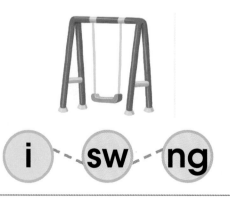

i — sw — ng

복습
6.

ss — gr — a

113쪽의 단어들을 읽어 보세요.

lk, nd 소리 익히기

 lk와 nd가 단어 속에서 어떻게 소리 나는지 들어 보세요.

1 방 안에 젖소가 있네.

/을크/, /을크/, /을크/!

젖소가 저렇게 울어?

2 아니, 그건 우리 소리야.

lk, 너희들 뭘 하고 있어?

3 \을크\ \을크\, \밀크\

4 우유를 짜고 있었지. 마셔 봐.

맛있겠다!

5 /은드/, /은드/! 안녕.

nd구나.

창문 좀 열어 봐.

6 \은드\ \은드\ \윈드\

휘잉~

7 추워. 누가 창문을 열어 둔 거야?

nd 소리를….

A lk와 nd의 소리를 듣고 따라 말해 보세요.

lk
을ㅋ

l이 받침으로 쓰이면 /을/!
/을/ 뒤에 /ㅋ/ 소리를
이어서 발음해 봐.

1

m i lk
ㅁ 이 을ㅋ

↓

mi**lk**

2

s i lk
ㅅ 이 을ㅋ

↓

si**lk**

3
주

nd
은ㄷ

n이 받침으로 쓰이면 /은/!
/은/ 뒤에 /ㄷ/ 소리를
이어서 발음해 봐.

3

w i nd
워 이 은ㄷ

↓

wi**nd**

4

h a nd
ㅎ 애 은ㄷ

↓

ha**nd**

lk, nd 단어 익히기 ①

4일 PHONICS
똑똑한 하루

A 스티커를 붙인 후, 단어를 리듬에 맞춰 읽어 보세요.

① mi | lk

② si | lk

③ wi | nd

④ ha | nd

⑤ milk

⑥ silk

⑦ wind

⑧ hand

B 잘 듣고 알맞은 글자와 그림을 연결해 보세요.

1.
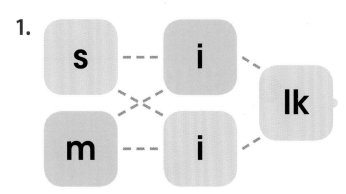

hand

2.
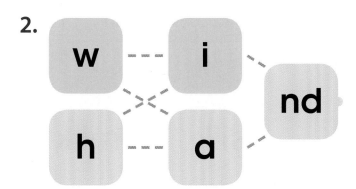

silk

3.

wind

4.

milk

lk, nd 단어 익히기 ②

A 그림을 보고 알맞은 단어에 동그라미 해 보세요.

①

wind   hand

②

silk   milk

③

hand   wind

④

milk   silk

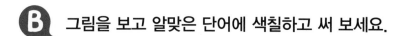 그림을 보고 알맞은 단어에 색칠하고 써 보세요.

1.

milk
wind

_____

2.

silk
hand

_____

3.

silk
milk

_____

4.

hand
wind

_____

복습
5.

bank
drink

_____

복습
6.

frame
frog

_____

119쪽의 단어들을 읽어 보세요.

ck, ng, nk, lk, nd 복습 ①

A 잘 듣고 빈칸에 알맞은 글자를 골라 동그라미 해 보세요.

1. swi___   ck / ng

2. pi___   nk / lk

3. du___   nd / ck

4. mi___   lk / ng

5. ha___   nk / nd

▶정답 21쪽

B 잘 듣고 알맞은 그림과 단어를 찾아 동그라미 해 보세요.

1.

king　　sick

2.

milk　　skunk

3.

neck　　bank

4.

ring　　wind

5.

sing　　silk

6.

kick　　drink

▶정답 21쪽

ck, ng, nk, lk, nd 복습 ②

A 그림에 알맞게 연결하고, 단어를 읽어 보세요.

1.   2.   3.   4.

n   s   dr   w

ing   eck   ind   ink

sing   wind   neck   drink

B 빈칸에 알맞은 글자를 찾아 단어를 써 보세요.

| ck | nk | ng | lk | nd |

1.

ba

2.

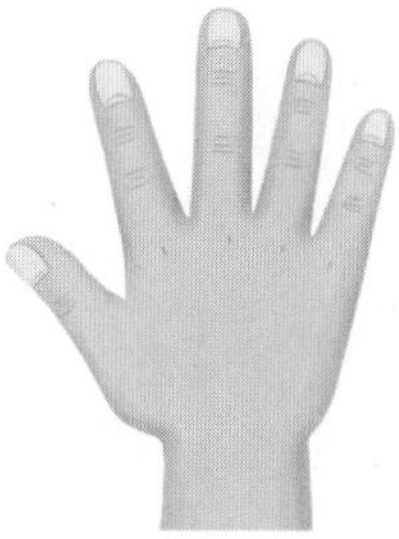

ha

3.

ki

4.

ki

5.

sku

6.

si

Story Time

A 이야기를 들으며 따라 읽어 보세요.

King likes white milk.

Duck likes yellow milk.

Skunk likes pink milk.

They all like milk.

Sight Word

like를 찾아라!

B like를 모두 찾아 큰 소리로 읽으며 같은 색으로 색칠해 보세요.

like | have | like | like

like | like | with | like

can | like

- like는 '좋아하다'라는 뜻이에요.
- like는 모두 몇 개인가요? _____ 개

A 잘 듣고 빈칸에 알맞은 글자에 동그라미 해 보세요.

1.

ne____

ck

lk

2.
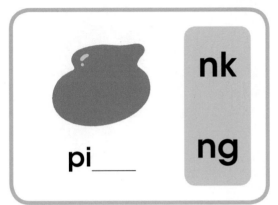

pi____

nk

ng

B 잘 듣고 알맞은 글자와 그림을 연결해 보세요.

1. k   ilk

2. w   ind

3. m   ing

단어를 읽고 알맞은 그림에 동그라미 해 보세요.

1. swing

2. skunk

3. kick

D 빈칸에 알맞은 글자를 골라 단어를 써 보세요.

1.

ng

nd

ha

2.

lk

nk

ba

Brain Game

🎵 퀴즈를 풀며 보물을 찾아가 보세요.

START

❶ 빈칸에 공통으로 들어갈 글자를 골라 동그라미 해 보세요.

swi___   ki___

nd
ng

❷ 빈칸에 알맞은 글자를 찾아 연결해 보세요.

ki___ ·   · nk

dri___ ·   · ck

❸ 그림에 알맞은 글자에 색칠해 보세요.

w	ilk
s	ind

▶정답 23쪽

6 빈칸에 알맞은 글자를 찾아 단어를 써 보세요.

nd　lk

mi

5 그림에 알맞은 단어에 동그라미 해 보세요.

neck

hand

4 빈칸에 들어갈 글자가 <u>다른</u> 그림에 ×표 해 보세요.

ba___　du___　sku___

FINISH

 단어의 빈칸에 공통으로 들어갈 글자를 찾아 퍼즐 조각에 써 보세요.

1.

ne_____

si_____   ki_____

2.

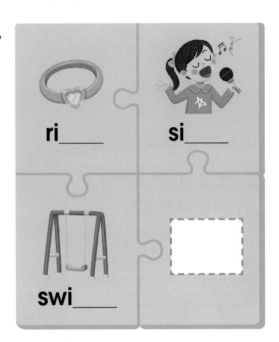

ri_____   si_____

swi_____

ng   ck   lk   nk

3.

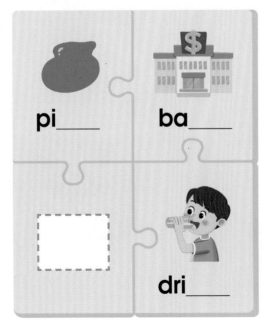

pi_____   ba_____

dri_____

4.

mi_____

단어들을 말해 보세요.

si_____

▶정답 24쪽

B 가려진 그림을 찾아 연결하고, 알맞은 단어를 찾아 써 보세요.

king	sing	sick	kick	drink

1

2

3

4

5

그림에 알맞은 글자를 찾아 연결해 보세요.

1. 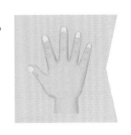　　　d　　　unk

2. 　　　h　　　uck

3. 　　　sk　　　and

4. 　　　m　　　ing

5. 　　　k　　　ilk

▶정답 24쪽

B 선을 그어 미로를 통과하고, 지나간 단어들을 순서대로 써 보세요.

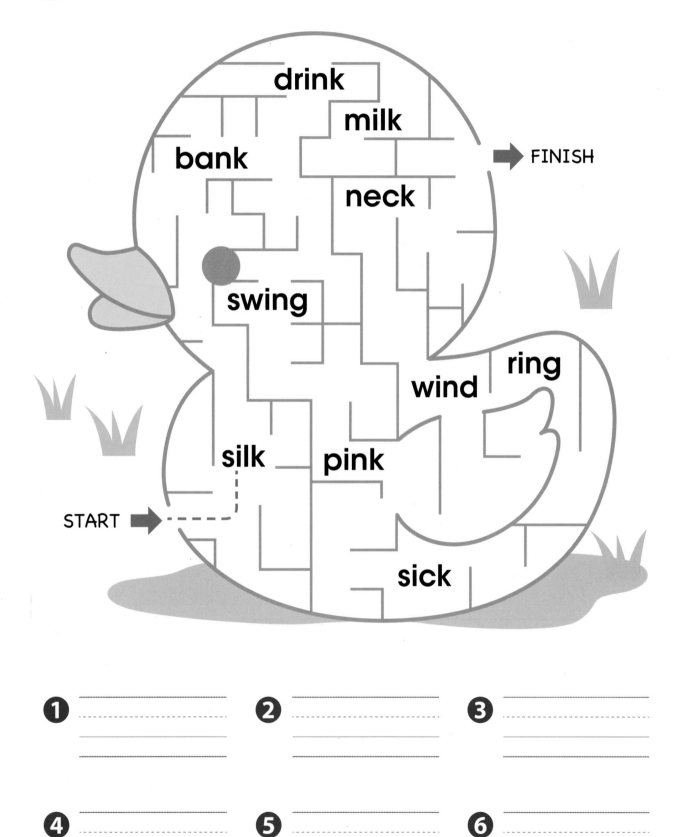

① _____

② _____

③ _____

④ _____

⑤ _____

⑥ _____

1 봐, 이게 다 우리가 모은 자음들이야.

/흐-흐/

우와, 꽤 많이 모았네.

2 거기, h!

3 나인 줄 어떻게 알았어?

/흐/ 소리는 너밖에 없으니까!

4 그런데 너 거기서 뭐 해?

우리를 감시라도 한 거야?

아니야.

5 내가 들어 있는 글자의 소리를 담았는지 궁금해서.

6 h가 들어 있는 글자?

어떤 거 말이야?

7

8

사실 난 좀 특별해.

어떻게?

9

내가 다른 자음을 만날 때마다 우리는 새로운 소리로 변하거든.

새로운 소리로?

10

그래.

그러면 h가 들어 있는 소리를 우리가 어떻게 찾아?

11

일단 찾기나 해. 나 먼저 갈게.

그냥 가면 어떡해!

12

잘 찾을 수 있을까?

당연하지! 나만 믿으라고.

4
주

4주 이번 주에는 무엇을 배울까? ❷

알맞은 글자 스티커를 찾아 붙여 보세요.

wh ale

ph one

Quiz

스티커 글자들에 공통으로 들어 있는 자음에 동그라미 해 보세요.

ch 소리 익히기

 ch가 단어 속에서 어떻게 소리 나는지 들어 보세요.

A ch의 소리를 듣고 따라 말해 보세요.

ch
ㅊ

c와 h가 만나면
새로운 소리
/ㅊ/로 변해.

 B 잘 듣고 따라 말하면서 ch의 단어를 익혀 보세요.

4
주

①

ch i ck
ㅊ 이 ㅋ
↓
chick

②

ch e ck
ㅊ 에 ㅋ
↓
check

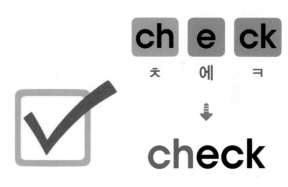

③

b en ch
ㅂ 엔 ㅊ
↓
bench

④

l un ch
ㄹ 언 ㅊ
↓
lunch

ch 단어 익히기 ①

A 스티커를 붙인 후, 단어를 리듬에 맞춰 읽어 보세요.

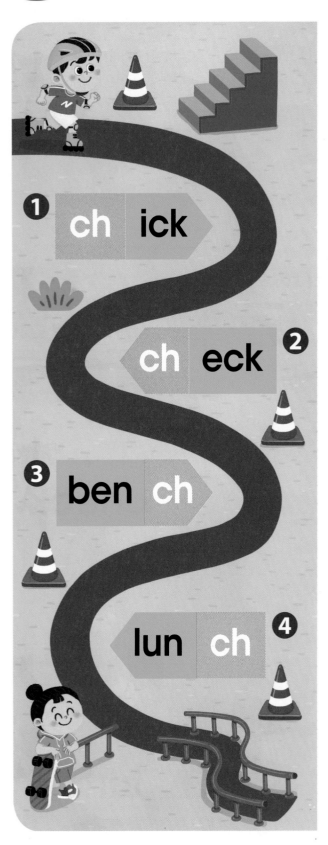

1. **ch** **ick**
2. **ch** **eck**
3. **ben** **ch**
4. **lun** **ch**

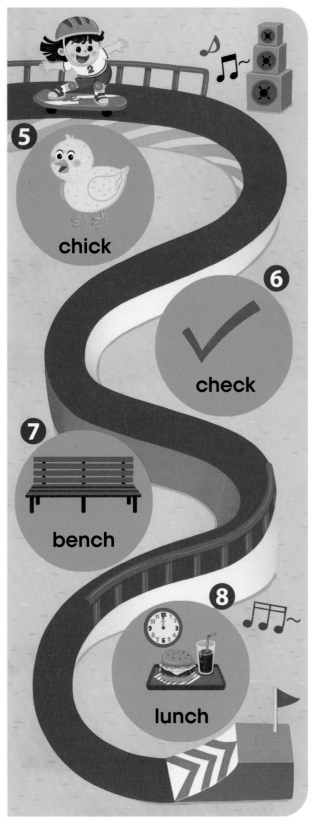

5. chick
6. check
7. bench
8. lunch

B 잘 듣고 알맞은 글자와 그림을 연결해 보세요.

1.	2.	3.	4.
ch	b	ch	l
e	un	en	i
ck	ch	ck	ch

lunch

check

chick

bench

ch 단어 익히기 ②

A 단어를 읽고 알맞은 그림에 동그라미 해 보세요.

① chick

② lunch

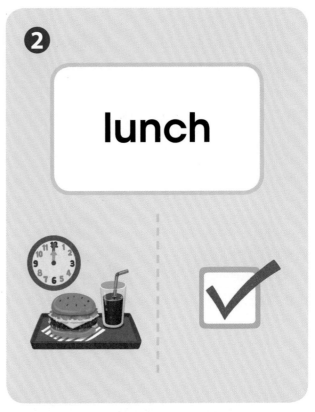

③ check

④ bench

B 그림을 보고 글자를 배열하여 단어를 써 보세요.

1.

ch — b — en

_____
- - - - - - - - - - - -
_____
_____

2.

ck — i — ch

_____
- - - - - - - - - - - -
_____
_____

3.

un — ch — l

_____
- - - - - - - - - - - -
_____
_____

4.

ch — ck — e

_____
- - - - - - - - - - - -
_____
_____

복습
5.

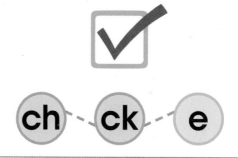

lk — i — s

_____
- - - - - - - - - - - -
_____
_____

복습
6.

e — n — ck

_____
- - - - - - - - - - - -
_____
_____

143쪽의 단어들을 읽어 보세요.

sh 소리 익히기

📖 sh가 단어 속에서 어떻게 소리 나는지 들어 보세요.

A sh의 소리를 듣고 따라 말해 보세요.

sh
쉬

s와 h가 만나면 새로운 소리 /쉬/로 변해. 바람을 내보내듯이 발음해 봐.

B 잘 듣고 따라 말하면서 sh의 단어를 익혀 보세요.

①

sh i p
쉬 이 ㅍ
⬇
ship

②

sh o p
쉬 아 ㅍ
⬇
shop

③

f i sh
ᶠㅍ 이 쉬
⬇
fish

④

d i sh
ㄷ 이 쉬
⬇
dish

① 배 ② 상점 ③ 물고기 ④ 접시

A 스티커를 붙인 후, 단어를 리듬에 맞춰 읽어 보세요.

B 잘 듣고 알맞은 글자와 그림을 연결해 보세요.

1.
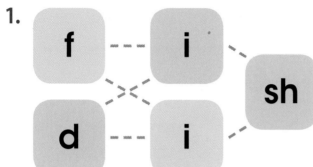

dish

2.
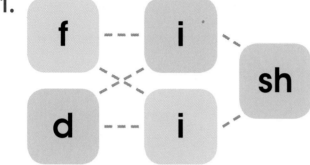

ship

3.
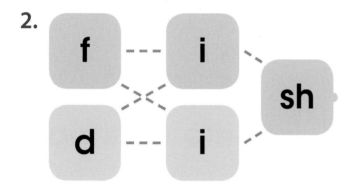

shop

4.
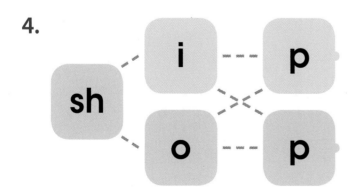

fish

sh 단어 익히기 ②

A 그림을 보고 알맞은 단어에 동그라미 해 보세요.

❶
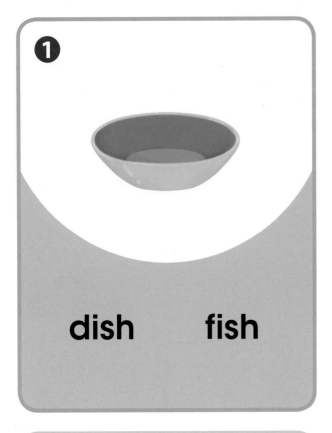

dish   fish

❷

ship   shop

❸

fish   dish

❹
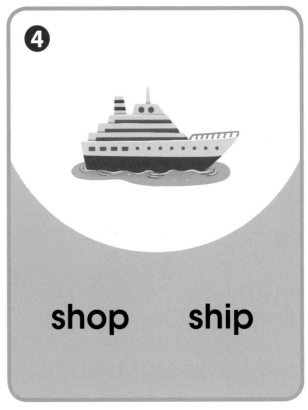

shop   ship

B 그림을 보고 알맞은 단어에 색칠하고 써 보세요.

1.

shop
ship

_____

2.

fish
dish

_____

3.

ship
dish

_____

4.

shop
fish

_____

복습
5.

chick
check

_____

복습
6.

king
ring

_____

149쪽의 단어들을 읽어 보세요. Level 2B **149**

th 소리 익히기

📖 th가 단어 속에서 어떻게 소리 나는지 들어 보세요.

A th의 소리를 듣고 따라 말해 보세요.

th

thㅆ

이 사이로 혀를 살짝 내밀고
바람을 내보내면서
/thㅆ/처럼 발음해 봐.

B 잘 듣고 따라 말하면서 th의 단어를 익혀 보세요.

①

th i n
thㅆ 이 은
↕
thin

②

th i ck
thㅆ 이 ㅋ
↕
thick

③

m a th
ㅁ 애 thㅆ
↕
math

④

b a th
ㅂ 애 thㅆ
↕
bath

① 얇은 ② 두꺼운 ③ 수학 ④ 목욕　Level 2B **151**

th 단어 익히기 ①

A 스티커를 붙인 후, 단어를 리듬에 맞춰 읽어 보세요.

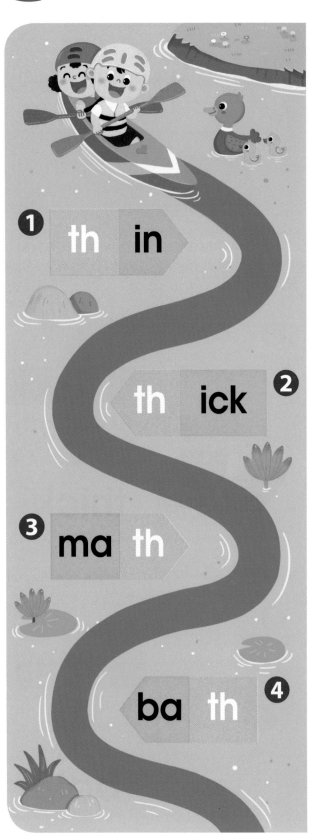

1 th in

2 th ick

3 ma th

4 ba th

5 thin

6 thick

7 math

8 bath

B 잘 듣고 알맞은 글자와 그림을 연결해 보세요.

1.	2.	3.	4.

b   **m**   **th**   **th**

a   **a**   **i**   **i**

ck   **th**   **n**   **th**

thick   **math**   **bath**   **thin**

th 단어 익히기 ②

A 단어를 읽고 알맞은 그림에 동그라미 해 보세요.

❶
thick

❷
math

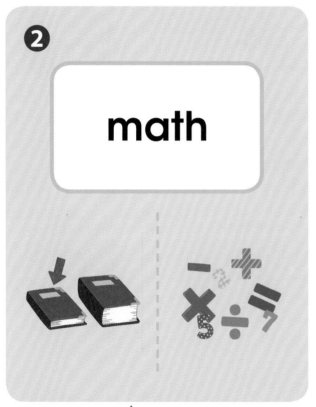

❸
thin

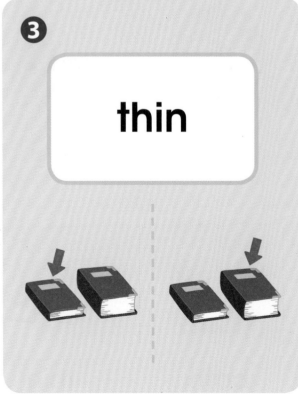

❹
bath

▶정답 28쪽

B 그림을 보고 글자를 배열하여 단어를 써 보세요.

1.

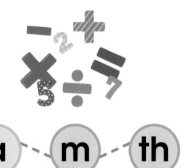

(a) - (m) - (th)

2.

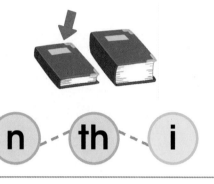

(n) - (th) - (i)

3.

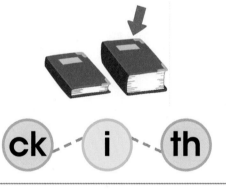

(ck) - (i) - (th)

4.

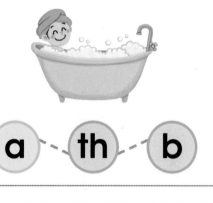

(a) - (th) - (b)

복습
5.

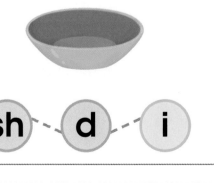

(sh) - (d) - (i)

복습
6.

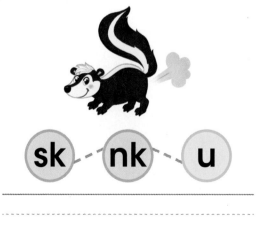

(sk) - (nk) - (u)

wh, ph 소리 익히기

 wh와 ph가 단어 속에서 어떻게 소리 나는지 들어 보세요.

A wh와 ph의 소리를 듣고 따라 말해 보세요.

wh ⓦ
워

w와 h가 만나면
w와 소리가 같아.
/워/라고 발음해 봐.

①

wh a le
워 에이 을
↓
whale

②

wh i te
워 아이 ㅌ
↓
white

4
주

ph ⓕ
ᶠㅍ

p와 h가 만나면
f와 소리가 같아.
바람을 내보내며
/ᶠㅍ/라고 발음해 봐.

③

ph o ne
ᶠㅍ 오우 은
↓
phone

④

ph o to
ᶠㅍ 오우 토우
↓
photo

wh, ph 단어 익히기 ①

A 스티커를 붙인 후, 단어를 리듬에 맞춰 읽어 보세요.

① wh | ale

② wh | ite

③ ph | one

④ ph | oto

⑤ whale

⑥ white

⑦ phone

⑧ photo

B 잘 듣고 알맞은 글자와 그림을 연결해 보세요.

1.

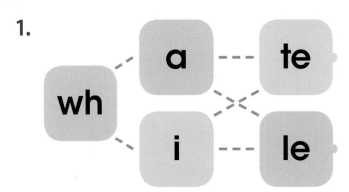

wh	a	te
	i	le

photo

2.

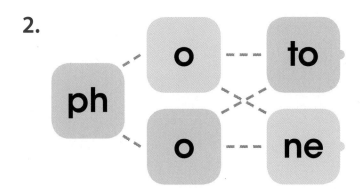

ph	o	to
	o	ne

whale

3.

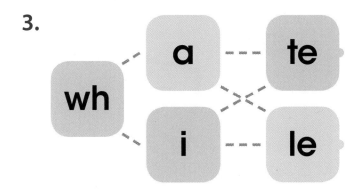

wh	a	te
	i	le

phone

4.

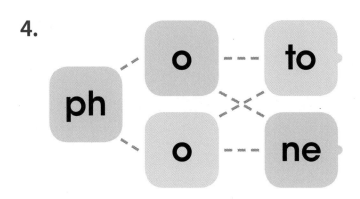

ph	o	to
	o	ne

white

wh, ph 단어 익히기 ②

A 그림을 보고 알맞은 단어에 동그라미 해 보세요.

①

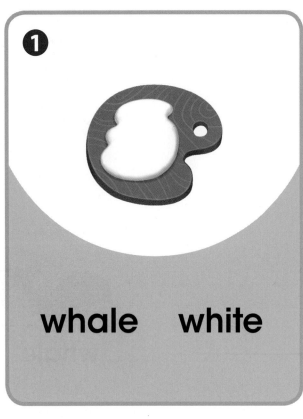

whale   white

②

photo   phone

③

whale   white

④

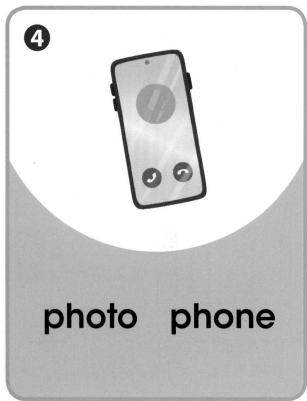

photo   phone

▶정답 29쪽

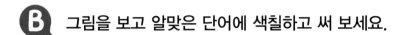 B 그림을 보고 알맞은 단어에 색칠하고 써 보세요.

1.

white
phone

2.

whale
photo

3.

phone
photo

4.

white
whale

4주

복습
5.

thin
thick

복습
6.

milk
silk

161쪽의 단어들을 읽어 보세요.

ch, sh, th, wh, ph 복습 ①

A 잘 듣고 빈칸에 알맞은 글자를 골라 동그라미 해 보세요.

① ch / sh ___op

② wh / ph ___ite

③ ba___ sh th

④ ___ick ch th

⑤ ___one ph wh

B 잘 듣고 알맞은 그림과 단어를 찾아 동그라미 해 보세요.

1.

fish bench

2.

dish math

3.

check bath

4.

thin ship

5.

lunch thick

6.

photo whale

ch, sh, th, wh, ph 복습 ②

A 그림과 알맞은 글자를 연결하고, 단어를 읽어 보세요.

1.	2.	3.	4.

 ch    f    m    wh

 ish    eck    ale    ath

 check   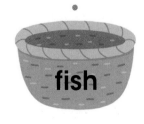 fish    whale    math

B 빈칸에 알맞은 글자를 찾아 단어를 써 보세요.

| ch | sh | th | wh | ph |

1.

ip

2.

ite

3.

oto

4.

lun

5.

ba

6.

in

Story Time

A 이야기를 들으며 따라 읽어 보세요.

It is time for math.

Five ship and six fish.

It is time for lunch.

Ten fish for you, Whale.

Sight Word

for를 찾아라!

B for를 모두 찾아 큰 소리로 읽으며 선으로 연결해 보세요.

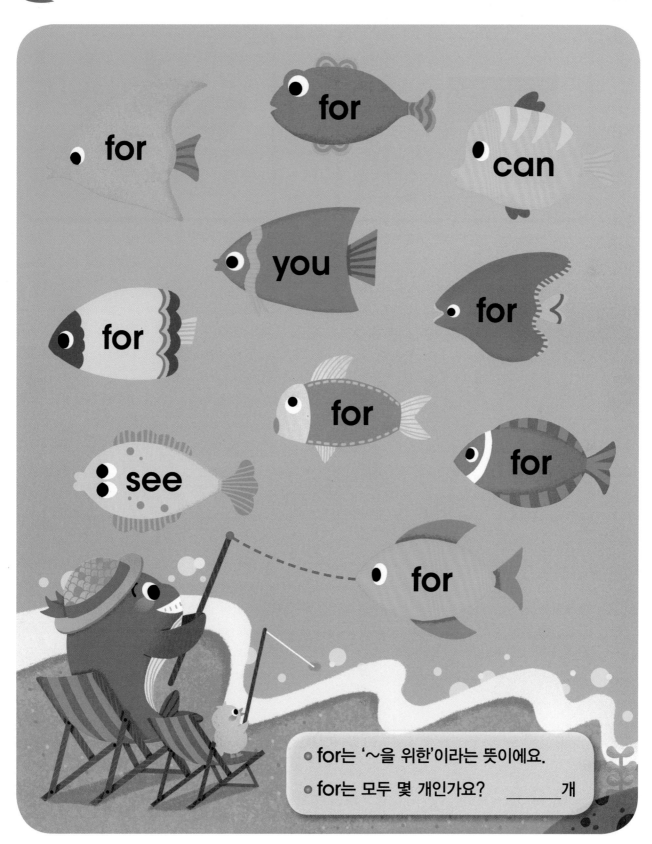

4
주

- for는 '~을 위한'이라는 뜻이에요.
- for는 모두 몇 개인가요? _____개

A 잘 듣고 빈칸에 알맞은 글자에 동그라미 해 보세요.

1.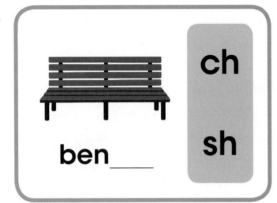

ben____   ch / sh

2.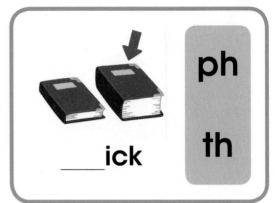

____ick   ph / th

B 잘 듣고 알맞은 글자와 그림을 연결해 보세요.

1. sh   ip   ·

2. wh   one   ·

3. ph   ale   ·

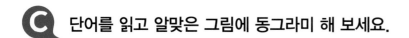 단어를 읽고 알맞은 그림에 동그라미 해 보세요.

1. white

2. dish

3. photo

D 빈칸에 알맞은 글자를 골라 단어를 써 보세요.

1.

wh

ch

2.

sh

th

ba

Brain Game

과자 길을 따라가며 퀴즈를 풀어 보세요.

❶ 빈칸에 공통으로 들어갈 글자를 골라 동그라미 해 보세요.

th
sh

__op   di__

❷ 빈칸에 알맞은 글자를 찾아 연결해 보세요.

lun__   ·   · ch

__ale   ·   · wh

❸ 그림에 알맞은 글자에 색칠해 보세요.

f	ath
b	ish

5 그림에 알맞은 단어에 동그라미 해 보세요.

thin
thick

4 빈칸에 들어갈 글자가 <u>다른</u> 그림에 ×표 해 보세요.

__eck ben__ __one

6 빈칸에 알맞은 글자를 찾아 단어를 써 보세요.

ph wh

___ite

FINISH

A 조각을 배열하면 어떤 그림이 되나요? 그림에 알맞은 단어를 보기 에서 찾아 써 보세요.

1.

2.

3.

4.

5.
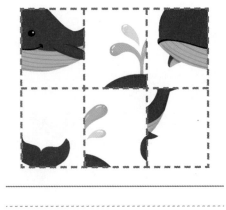

보기

whale   fish
photo   bath
ship

▶정답 32쪽

B 빈칸에 알맞은 글자를 쓴 다음, 해당하는 글자 스티커를 찾아 붙여 보세요.

1
____eck

2
di____

3
ma____

4
____in

5
ben____

6
____ite

7
____one

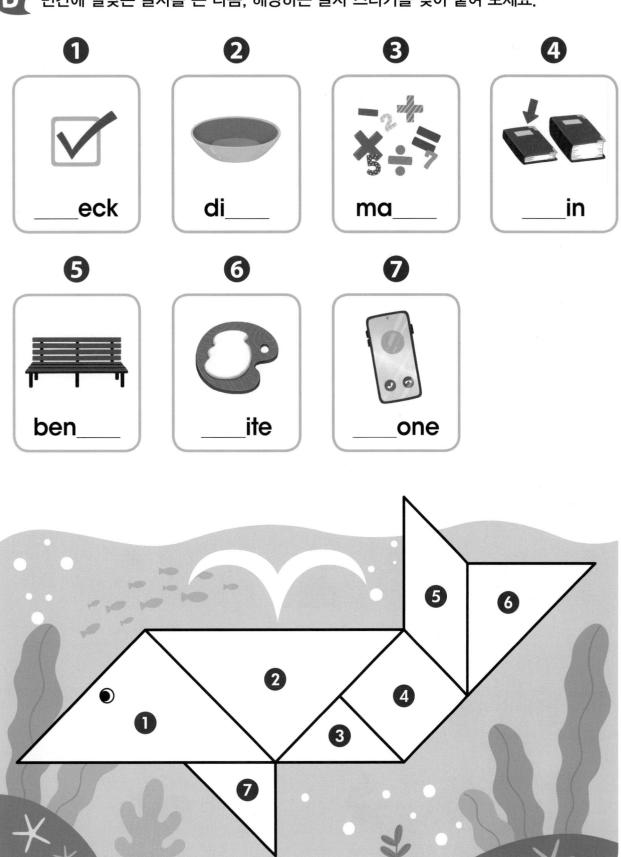

레니는 누구에게 편지를 줄까요? 빈칸에 들어갈 글자를 따라가 보세요.

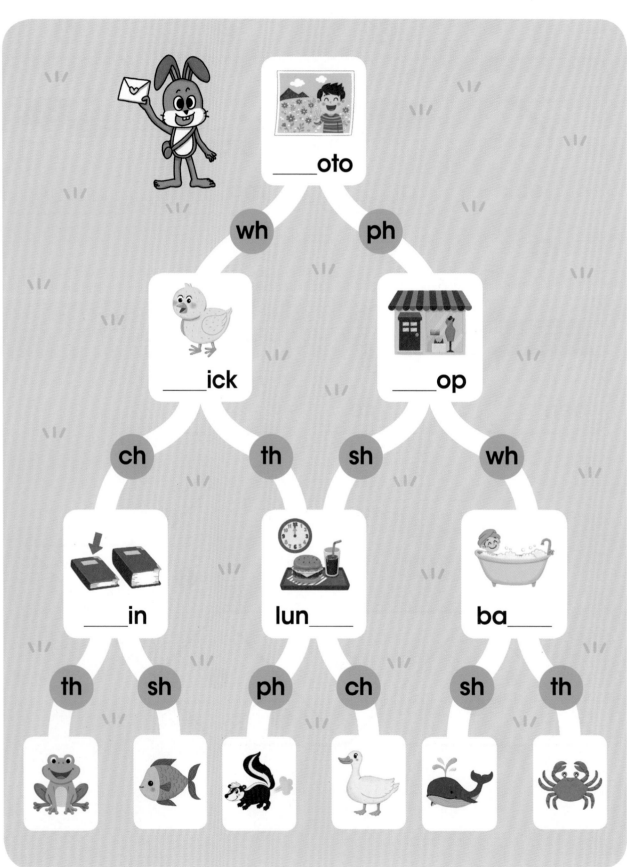

____oto

wh · ph

____ick · ____op

ch · th · sh · wh

____in · lun____ · ba____

th · sh · ph · ch · sh · th

▶정답 32쪽

B 그림 힌트를 보고 보기 에서 알맞은 단어를 찾아 퍼즐을 완성해 보세요.

보기

phone	ship	math
white	thick	check

가로

❶ ❹ ❻

세로

❷ ❸ ❺

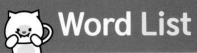

1주 1일

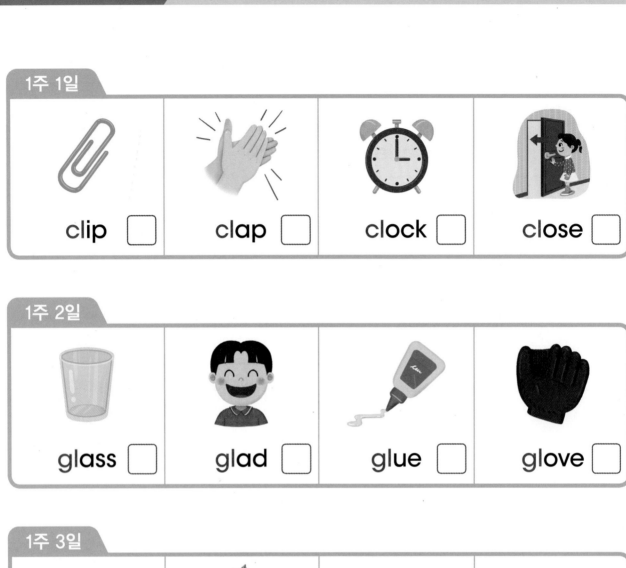

clip ☐　　clap ☐　　clock ☐　　close ☐

1주 2일

glass ☐　　glad ☐　　glue ☐　　glove ☐

1주 3일

plum ☐　　plant ☐　　plane ☐　　plate ☐

1주 4일

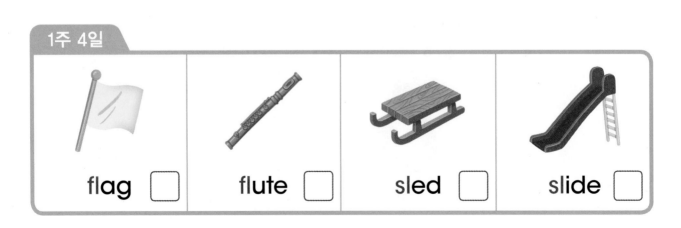

flag ☐　　flute ☐　　sled ☐　　slide ☐

2주 1일

brush ☐	brick ☐	bride ☐	brave ☐

2주 2일

drum ☐	dress ☐	drone ☐	drive ☐

2주 3일

crab ☐	cross ☐	grass ☐	grape ☐

2주 4일

frog ☐	frame ☐	trip ☐	truck ☐

3주 1일

 duck ☐

 neck ☐

 kick ☐

 sick ☐

3주 2일

 king ☐

 ring ☐

 sing ☐

 swing ☐

3주 3일

 pink ☐

 bank ☐

 drink ☐

 skunk ☐

3주 4일

 milk ☐

 silk ☐

 wind ☐

 hand ☐

4주 1일

chick ☐　　check ☐　　bench ☐　　lunch ☐

4주 2일

ship ☐　　shop ☐　　fish ☐　　dish ☐

4주 3일

thin ☐　　thick ☐　　math ☐　　bath ☐

4주 4일

whale ☐　　white ☐　　phone ☐　　photo ☐

Memo

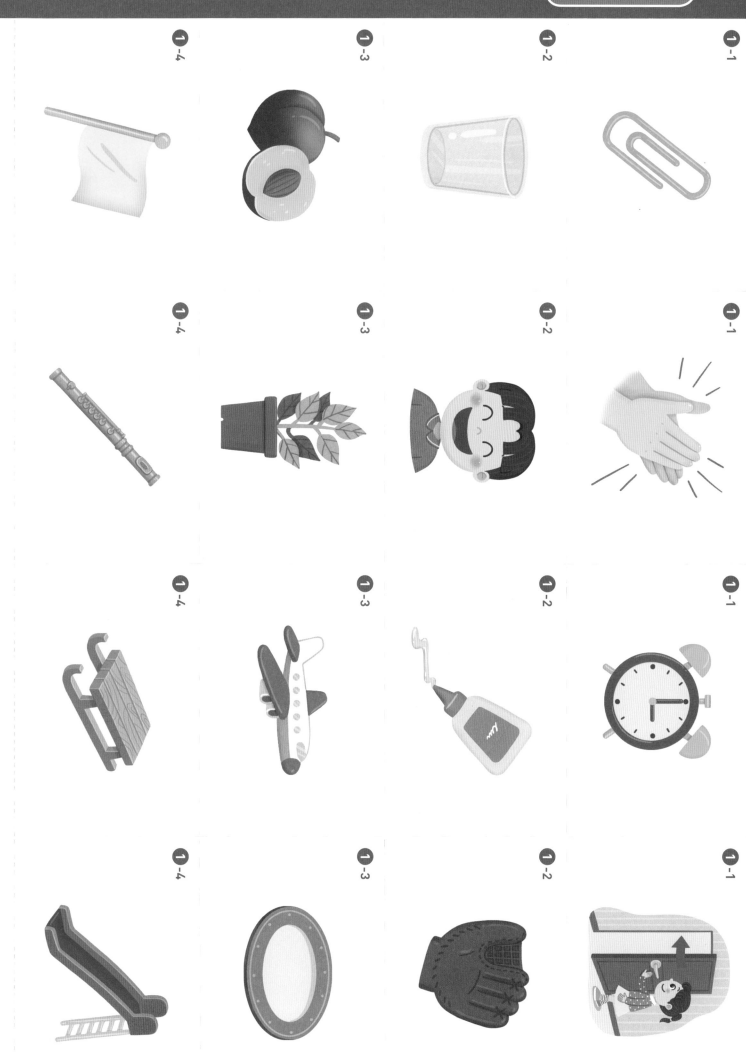

clip	clap	clock	close
glass	glad	glue	glove
plum	plant	plane	plate
flag	flute	sled	slide

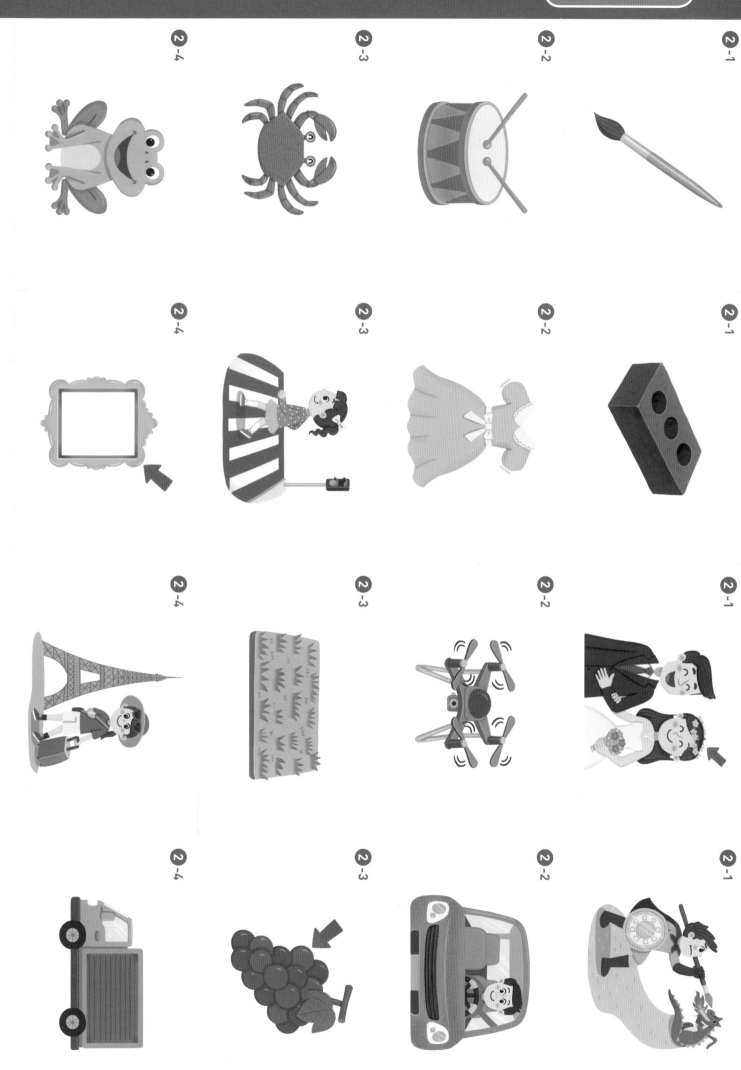

brush

drum

crab

frog

brick

dress

cross

frame

bride

drone

grass

trip

brave

drive

grape

truck

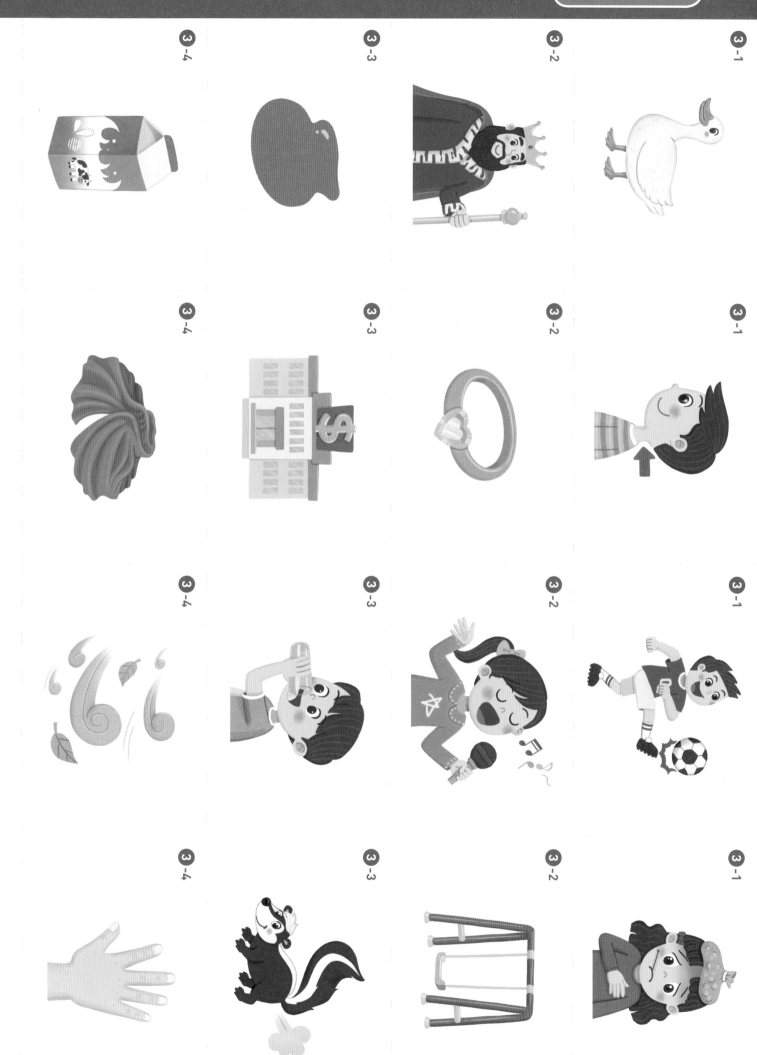

duck	neck	kick	sick
king	ring	sing	swing
pink	bank	drink	skunk
milk	silk	wind	hand

4-1

4-2

4-3

4-4

chick	check	bench	lunch
ship	shop	fish	dish
thin	thick	math	bath
whale	white	phone	photo

1주 1일 10~11쪽

cl gl pl fl sl

1주 1일 14쪽

cl ap cl ose

1주 2일 20쪽

gl ass

gl ove

1주 3일 26쪽

pl ant pl ate

1주 4일 32쪽

fl ute

sl ide

2주 1일 52~53쪽

br dr cr

gr fr tr

2주 1일 56쪽

br ick

br ave

2주 2일 62쪽

dr ess dr ive

2주 3일 68쪽

cr　oss　gr　ape

2주 특강 91쪽

3주 1일 94~95쪽

ck　ng　nk　lk　nd

3주 1일 98쪽

ck　ck　ck　ck

3주 3일 110쪽

nk　nk

nk　nk

2주 4일 74쪽

fr　ame

tr　uck

3주 2일 104쪽

ng　ng

ng　ng

3주 4일 116쪽

lk　lk　nd　nd

4주 1일 136~137쪽

ch sh th wh ph

4주 1일 140쪽

ch ch ch ch

4주 2일 146쪽

sh sh sh sh

4주 3일 152쪽

th th th th

4주 4일 158쪽

wh wh ph ph

4주 특강 173쪽

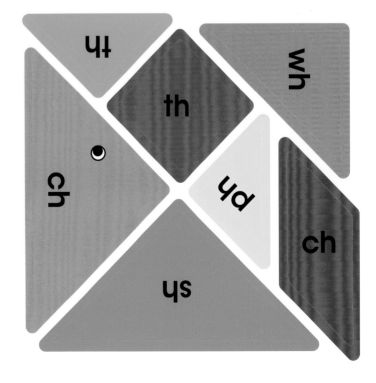

친절한 말은 아주 짧기 때문에
말하기가 쉽다.

하지만 그 말의 메아리는 무궁무진하게
울려 퍼지는 법이다.

Kind words can be short and easy to speak,
but their echoes are truly endless.

테레사 수녀

친절한 말, 따뜻한 말 한마디는 누군가에게 커다란 힘이 될 수도 있어요.
나쁜 말 대신 좋은 말을 하게 되면 언젠가 나에게 보답으로 돌아온답니다.
앞으로 나쁘고 거친 말 대신 좋고 예쁜 말만 쓰기로 우리 약속해요!

뭘 좋아할지 몰라 다 준비했어♥
전과목 교재

전과목 시리즈 교재

●무등생 해법시리즈
– 국어/수학	1~6학년, 학기용
– 사회/과학	3~6학년, 학기용
– 봄·여름/가을·겨울	1~2학년, 학기용
– SET(전과목/국수, 국사과)	1~6학년, 학기용

●무등생 전과
– 국어/수학/봄·여름(1학기)/가을·겨울(2학기)	1~2학년, 학기용
– 국어/수학/사회/과학	3~6학년, 학기용

●똑똑한 하루 시리즈
– 똑똑한 하루 독해	예비초~6학년, 총 14권
– 똑똑한 하루 글쓰기	예비초~6학년, 총 14권
– 똑똑한 하루 어휘	예비초~6학년, 총 14권
– 똑똑한 하루 수학	1~6학년, 학기용
– 똑똑한 하루 계산	1~6학년, 학기용
– 똑똑한 하루 사고력	1~6학년, 학기용
– 똑똑한 하루 도형	1~6단계, 총 6권
– 똑똑한 하루 사회/과학	3~6학년, 학기용
– 똑똑한 하루 Voca	3~6학년, 학기용
– 똑똑한 하루 Reading	초3~초6, 학기용
– 똑똑한 하루 Grammar	초3~초6, 학기용
– 똑똑한 하루 Phonics	예비초~초등, 총 8권

영어 교재

●초등영어 교과서 시리즈
파닉스(1~4단계)	3~6학년, 학년용
회화(입문1~2, 1~6단계)	3~6학년, 학기용
영단어(1~4단계)	3~6학년, 학년용

●셀파 English(어휘/회화/문법)	3~6학년
●Reading Farm(Level 1~4)	3~6학년
●Grammar Town(Level 1~4)	3~6학년
●LOOK BOOK 영단어	3~6학년, 단행본
●원서 읽는 LOOK BOOK 영단어	3~6학년, 단행본
●멘토 Story Words	2~6학년, 총 6권

똑똑한

하루
Phonics

정답

매일매일
쌓이는
영어 기초력

천재교육

2B
연속자음 + 이중자음

천재교육

book.chunjae.co.kr

1주 미리보기

1주 이번 주에는 무엇을 배울까? ❷

알맞은 글자 스티커를 찾아 붙여 보세요.

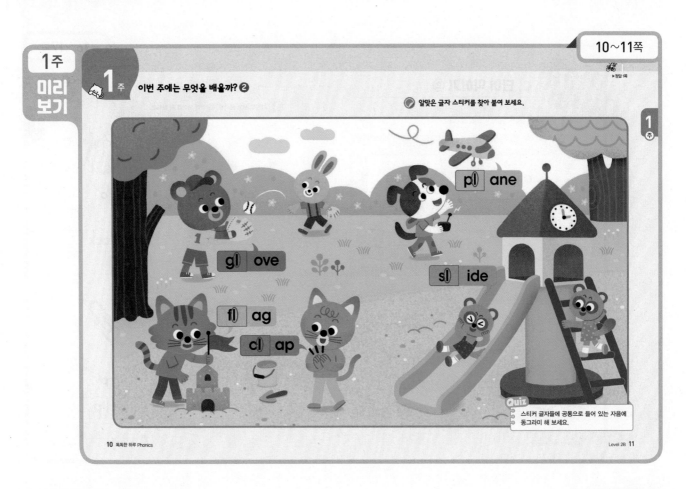

pl ane

gl ove

sl ide

fl ag

cl ap

Quiz 스티커 글자들에 공통으로 들어 있는 자음에 동그라미 해 보세요.

10 똑똑한 하루 Phonics

Level 2B 11

1주 1일

PHONICS cl 단어 익히기 ①

Ⓐ 스티커를 붙인 후, 단어를 리듬에 맞춰 읽어 보세요.

Ⓑ 잘 듣고 알맞은 글자와 그림을 연결해 보세요.

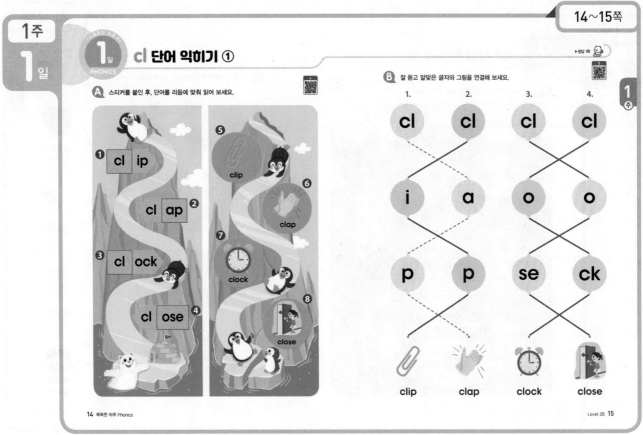

① cl ip
② cl ap
③ cl ock
④ cl ose
⑤ clip
⑥ clap
⑦ clock
⑧ close

1. cl — i — p — clip
2. cl — a — p — clap
3. cl — o — se — clock
4. cl — o — ck — close

clip clap clock close

14 똑똑한 하루 Phonics

Level 2B 15

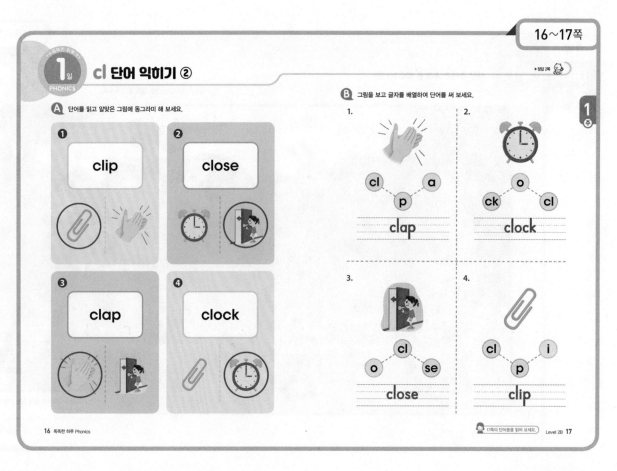

1일 PHONICS **cl 단어 익히기 ②**

▶정답 2쪽

Ⓐ 단어를 읽고 알맞은 그림에 동그라미 해 보세요.

❶ clip
❷ close
❸ clap
❹ clock

Ⓑ 그림을 보고 글자를 배열하여 단어를 써 보세요.

1. clap
2. clock
3. close
4. clip

16 똑똑한 하루 Phonics   · 17쪽의 단어들을 읽어 보세요.   Level 2B 17

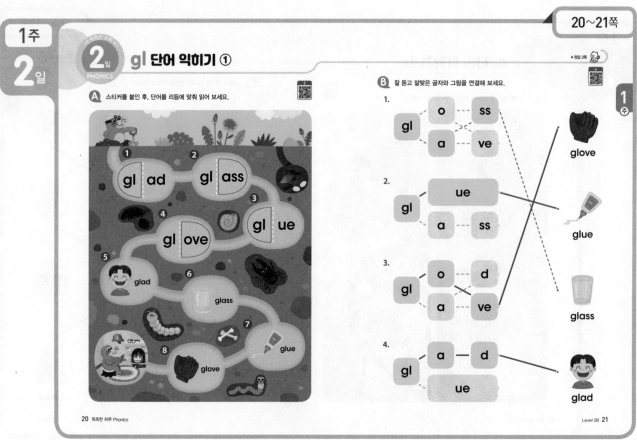

1주 2일

2일 PHONICS **gl 단어 익히기 ①**

▶정답 2쪽

Ⓐ 스티커를 붙인 후, 단어를 리듬에 맞춰 읽어 보세요.

❶ gl ad
❷ gl ass
❸ gl ue
❹ gl ove
❺ glad
❻ glass
❼ glue
❽ glove

Ⓑ 잘 듣고 알맞은 글자와 그림을 연결해 보세요.

1. gl o ss / a ve — glove
2. gl ue / a ss — glue
3. gl o d / a ve — glass
4. gl a d / ue — glad

20 똑똑한 하루 Phonics   Level 2B 21

2일 PHONICS gl 단어 익히기 ②

▶ 정답 3쪽

Ⓐ 그림을 보고 알맞은 단어에 동그라미 해 보세요.

Ⓑ 그림을 보고 알맞은 글자에 색칠하고 써 보세요.

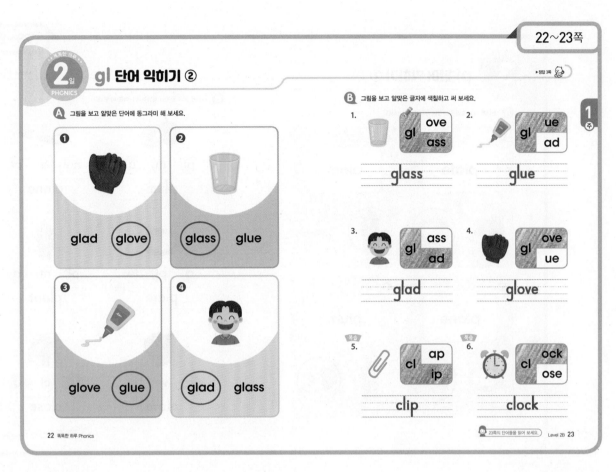

① glad (glove)

② (glass) glue

③ glove (glue)

④ (glad) glass

1. gl **ove** / ass → glass

2. gl **ue** / ad → glue

3. gl **ass** / ad → glad

4. gl **ove** / ue → glove

5. cl ap / **ip** → clip

6. cl **ock** / ose → clock

22 똑똑한 하루 Phonics

23쪽의 단어들을 읽어 보세요. Level 2B 23

1주

1주 3일 PHONICS pl 단어 익히기 ①

▶ 정답 3쪽

Ⓐ 스티커를 붙인 후, 단어를 리듬에 맞춰 읽어 보세요.

Ⓑ 잘 듣고 알맞은 글자와 그림을 연결해 보세요.

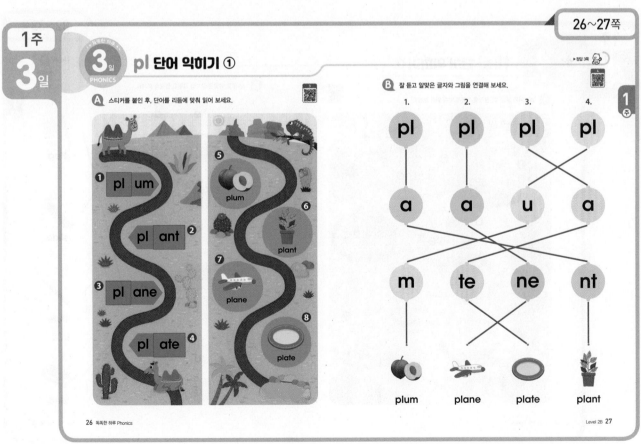

① pl um
② pl ant
③ pl ane
④ pl ate

⑤ plum
⑥ plant
⑦ plane
⑧ plate

1. pl — a — m → plum
2. pl — a — te → plate
3. pl — u — ne → plum/plane
4. pl — a — nt → plant

plum   plane   plate   plant

26 똑똑한 하루 Phonics

Level 2B 27

정답 **3**

28~29쪽

3일 pl 단어 익히기 ②

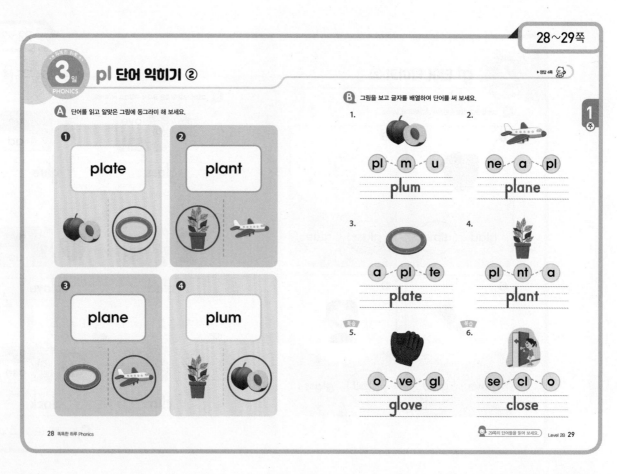

A 단어를 읽고 알맞은 그림에 동그라미 해 보세요.

❶ plate
❷ plant
❸ plane
❹ plum

B 그림을 보고 글자를 배열하여 단어를 써 보세요.

1. pl m u → plum
2. ne a pl → plane
3. a pl te → plate
4. pl nt a → plant
5. o ve gl → glove
6. se cl o → close

29쪽의 단어들을 읽어 보세요. Level 2B 29

32~33쪽

1주 4일

4일 fl, sl 단어 익히기 ①

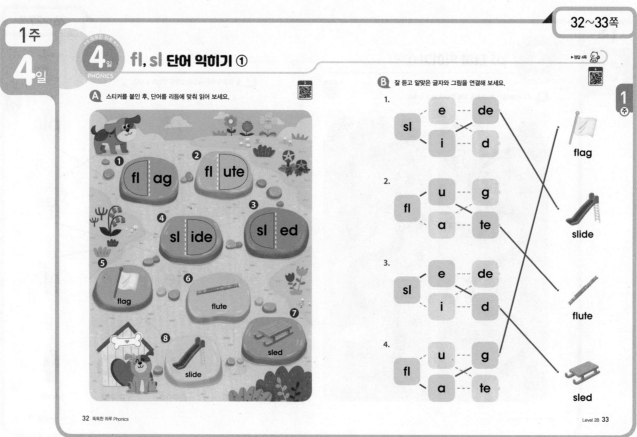

A 스티커를 붙인 후, 단어를 리듬에 맞춰 읽어 보세요.

❶ fl ag
❷ fl ute
❸ sl ed
❹ sl ide
❺ flag
❻ flute
❼ sled
❽ slide

B 잘 듣고 알맞은 글자와 그림을 연결해 보세요.

1. sl e de / i d — flag
2. fl u g / a te — slide
3. sl e de / i d — flute
4. fl u g / a te — sled

4일 PHONICS · fl, sl 단어 익히기 ②

▶정답 5쪽

Ⓐ 그림을 보고 알맞은 단어에 동그라미 해 보세요.

Ⓑ 그림을 보고 알맞은 글자에 색칠하고 써 보세요.

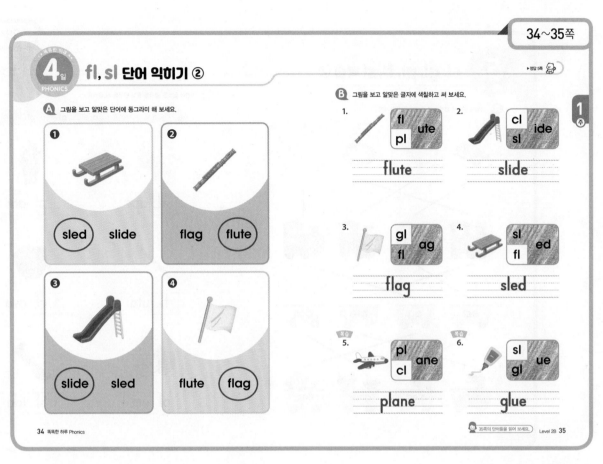

❶ sled (slide)

❷ flag (flute)

❸ (slide) sled

❹ flute (flag)

1. fl / pl ute → flute

2. cl / sl ide → slide

3. gl / fl ag → flag

4. sl / fl ed → sled

5. pl / cl ane → plane

6. sl / gl ue → glue

34 똑똑한 하루 Phonics

35쪽의 단어들을 읽어 보세요. Level 2B 35

1주 복습

5일 Review · cl, gl, pl, fl, sl 복습 ①

공부한 날   월   일

▶정답 5쪽

Ⓐ 잘 듣고 빈칸에 알맞은 글자를 찾아 동그라미 해 보세요.

Ⓑ 잘 듣고 알맞은 그림과 단어를 찾아 동그라미 해 보세요.

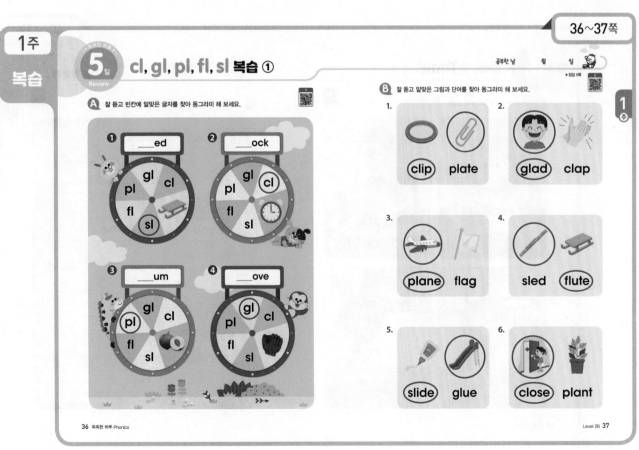

❶ ___ed : pl, gl, cl, fl, sl

❷ ___ock : pl, gl, (cl), fl, sl

❸ ___um : (pl), gl, cl, fl, sl

❹ ___ove : pl, (gl), cl, fl, sl

1. (clip) plate

2. (glad) clap

3. (plane) flag

4. sled (flute)

5. (slide) glue

6. (close) plant

36 똑똑한 하루 Phonics

Level 2B 37

5일 cl, gl, pl, fl, sl 복습 ②

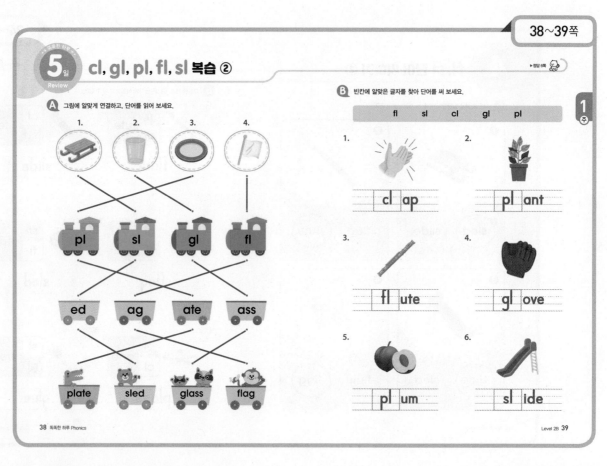

A 그림에 알맞게 연결하고, 단어를 읽어 보세요.

B 빈칸에 알맞은 글자를 찾아 단어를 써 보세요.

fl   sl   cl   gl   pl

1. cl ap
2. pl ant
3. fl ute
4. gl ove
5. pl um
6. sl ide

5일 Story Time   Sight Word   with를 찾아라!

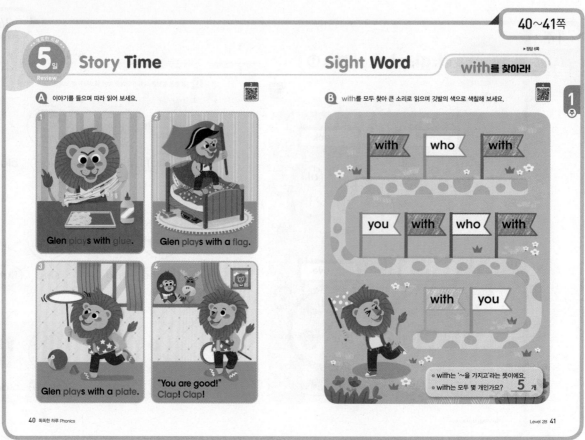

A 이야기를 들으며 따라 읽어 보세요.

B with를 모두 찾아 큰 소리로 읽으며 깃발의 색으로 색칠해 보세요.

Glen plays with glue.

Glen plays with a flag.

Glen plays with a plate.

"You are good!" Clap! Clap!

with   who   with

you   with   who   with

with   you

• with는 '~을 가지고'라는 뜻이에요.
• with는 모두 몇 개인가요? 5 개

1주 TEST

1주 누구나 100점 **TEST**

맞은 개수 /10개
▶정답 7쪽

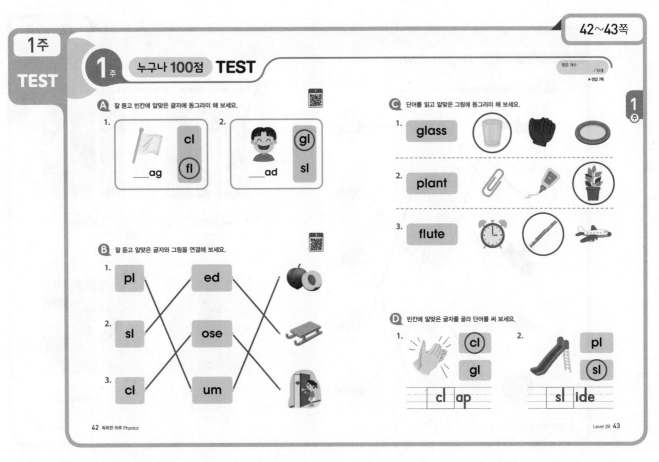

A 잘 듣고 빈칸에 알맞은 글자에 동그라미 해 보세요.

1. cl / **fl** ___ag
2. gl / sl ___ad (gl)

B 잘 듣고 알맞은 글자와 그림을 연결해 보세요.

1. pl — ed
2. sl — ose
3. cl — um

C 단어를 읽고 알맞은 그림에 동그라미 해 보세요.

1. glass
2. plant
3. flute

D 빈칸에 알맞은 글자를 골라 단어를 써 보세요.

1. cl / gl → cl ap
2. pl / sl → sl ide

42 똑똑한 하루 Phonics
Level 2B 43

1주 특강

1주 특강 창의·융합·코딩 ❶ **Brain Game**

▶정답 7쪽

도로를 따라가며 퀴즈를 풀어 보세요.

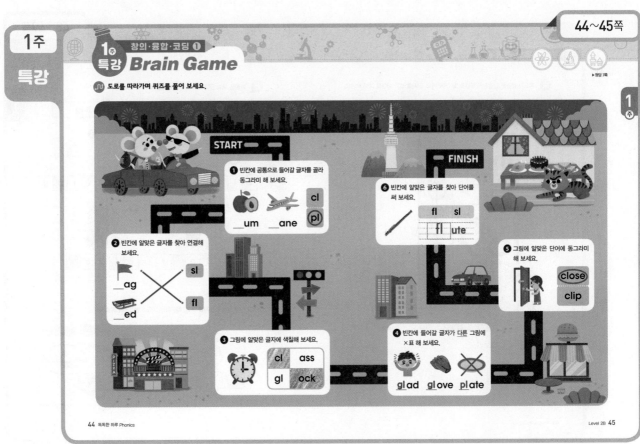

START

❶ 빈칸에 공통으로 들어갈 글자를 골라 동그라미 해 보세요.
___um ___ane
cl / (pl)

❷ 빈칸에 알맞은 글자를 찾아 연결해 보세요.
___ag — sl
___ed — fl

❸ 그림에 알맞은 글자에 색칠해 보세요.
cl / **gl** ass / ock

FINISH

❻ 빈칸에 알맞은 글자를 찾아 단어를 써 보세요.
fl / sl
fl ute

❺ 그림에 알맞은 단어에 동그라미 해 보세요.
close / clip

❹ 빈칸에 들어갈 글자가 다른 그림에 ×표 해 보세요.
gl ad / gl ove / pl ate

44 똑똑한 하루 Phonics
Level 2B 45

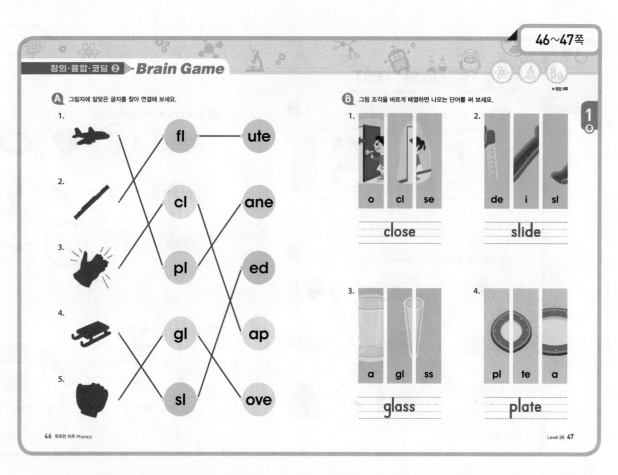

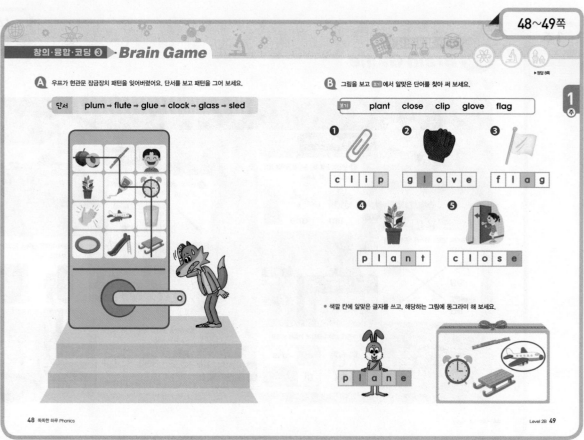

52~53쪽

2주 미리 보기

2주 이번 주에는 무엇을 배울까? ②

알맞은 글자 스티커를 찾아 붙여 보세요.

Quiz
스티커 글자들에 공통으로 들어 있는 자음에 동그라미 해 보세요.

52 똑똑한 하루 Phonics

Level 2B 53

56~57쪽

2주 1일

PHONICS

br 단어 익히기 ①

정답 9쪽

Ⓐ 스티커를 붙인 후, 단어를 리듬에 맞춰 읽어 보세요.

Ⓑ 잘 듣고 알맞은 글자와 그림을 연결해 보세요.

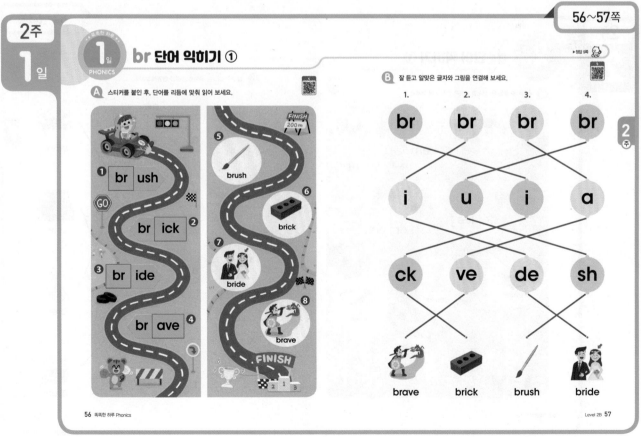

56 똑똑한 하루 Phonics

Level 2B 57

58~59쪽

1일 PHONICS br 단어 익히기 ②

▶정답 10쪽

A 단어를 읽고 알맞은 그림에 동그라미 해 보세요.

B 그림을 보고 글자를 배열하여 단어를 써 보세요.

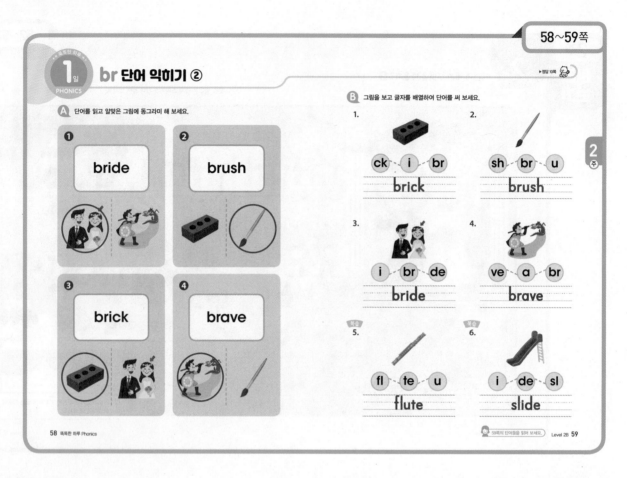

❶ bride
❷ brush
❸ brick
❹ brave

1. ck - i - br
brick

2. sh - br - u
brush

3. i - br - de
bride

4. ve - a - br
brave

5. fl - te - u
flute

6. i - de - sl
slide

59쪽의 단어들을 읽어 보세요. Level 2B 59

2주 2일 PHONICS dr 단어 익히기 ①

62~63쪽

▶정답 10쪽

A 스티커를 붙인 후, 단어를 리듬에 맞춰 읽어 보세요.

B 잘 듣고 알맞은 글자와 그림을 연결해 보세요.

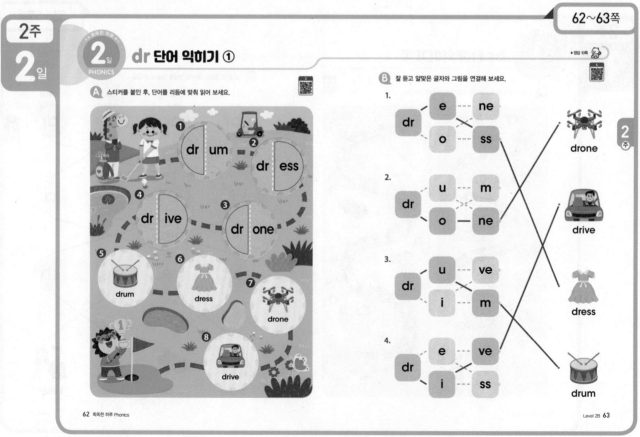

❶ dr um
❷ dr ess
❸ dr one
❹ dr ive
❺ drum
❻ dress
❼ drone
❽ drive

1. dr - e - ne / o - ss → drone
2. dr - u - m / o - ne → drive
3. dr - u - ve / i - m → drum
4. dr - e - ve / i - ss → dress

2일 PHONICS dr 단어 익히기 ②

▶정답 11쪽

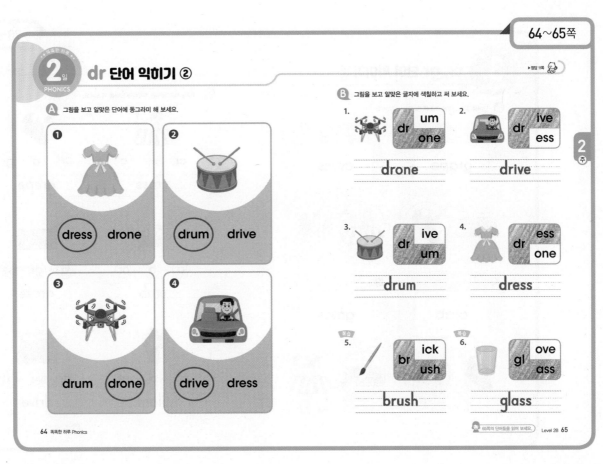

A 그림을 보고 알맞은 단어에 동그라미 해 보세요.

❶ (dress) drone
❷ (drum) drive
❸ drum (drone)
❹ (drive) dress

B 그림을 보고 알맞은 글자에 색칠하고 써 보세요.

1. dr [um] / one → drone
2. dr [ive] / ess → drive
3. dr ive / [um] → drum
4. dr [ess] / one → dress
5. br [ick] / ush → brush
6. gl ove / [ass] → glass

65쪽의 단어들을 읽어 보세요. Level 2B 65

64 똑똑한 하루 Phonics

2주 3일 PHONICS cr, gr 단어 익히기 ①

▶정답 11쪽

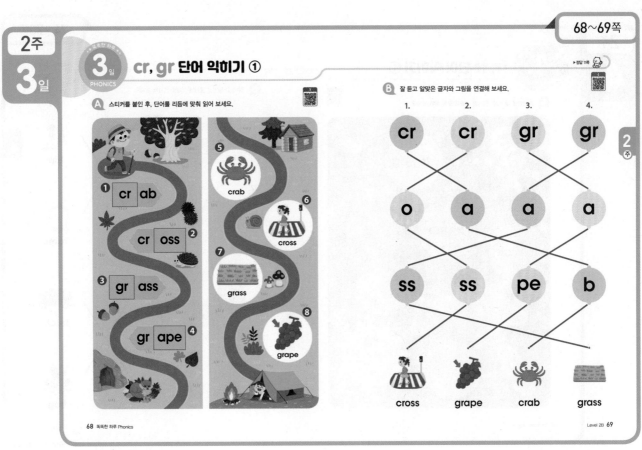

A 스티커를 붙인 후, 단어를 리듬에 맞춰 읽어 보세요.

❶ cr ab
❷ cr oss
❸ gr ass
❹ gr ape

⑤ crab
⑥ cross
⑦ grass
⑧ grape

B 잘 듣고 알맞은 글자와 그림을 연결해 보세요.

1. cr
2. cr
3. gr
4. gr

o a a a

ss ss pe b

cross grape crab grass

68 똑똑한 하루 Phonics

Level 2B 69

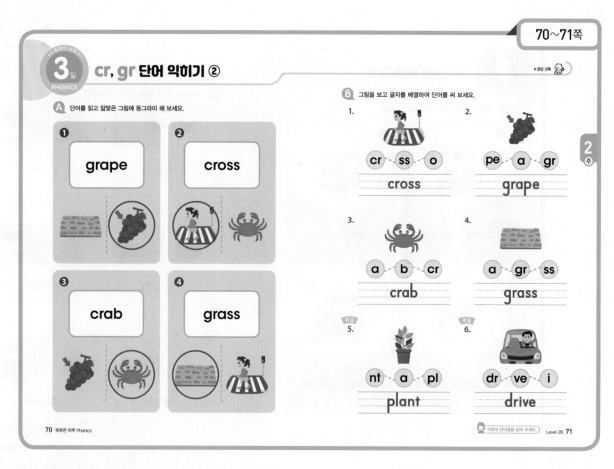

3일 PHONICS cr, gr 단어 익히기 ②

▶정답 12쪽

Ⓐ 단어를 읽고 알맞은 그림에 동그라미 해 보세요.

❶ grape
❷ cross
❸ crab
❹ grass

Ⓑ 그림을 보고 글자를 배열하여 단어를 써 보세요.

1. cr - ss - o → cross
2. pe - a - gr → grape
3. a - b - cr → crab
4. a - gr - ss → grass
5. nt - a - pl → plant
6. dr - ve - i → drive

70 똑똑한 하루 Phonics

Level 2B 71

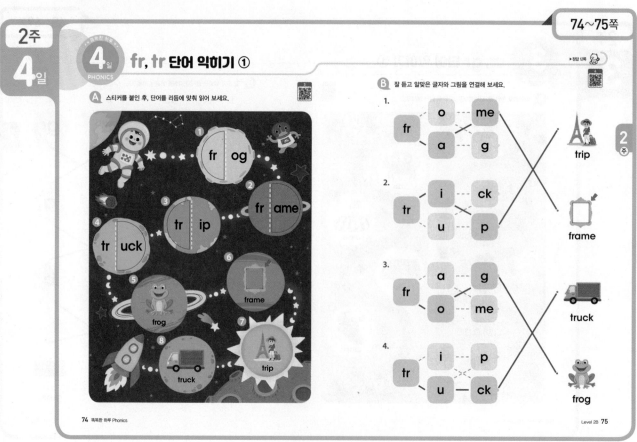

2주 4일 PHONICS fr, tr 단어 익히기 ①

▶정답 12쪽

Ⓐ 스티커를 붙인 후, 단어를 리듬에 맞춰 읽어 보세요.

① fr og
② fr ame
③ tr ip
④ tr uck
⑤ frog
⑥ frame
⑦ trip
⑧ truck

Ⓑ 잘 듣고 알맞은 글자와 그림을 연결해 보세요.

1. fr + o/a + me/g
2. tr + i/u + ck/p
3. fr + a/o + g/me
4. tr + i/u + p/ck

trip
frame
truck
frog

74 똑똑한 하루 Phonics

Level 2B 75

4일 PHONICS fr, tr 단어 익히기 ②

▶정답 13쪽

Ⓐ 그림을 보고 알맞은 단어에 동그라미 해 보세요.

Ⓑ 그림을 보고 알맞은 글자에 색칠하고 써 보세요.

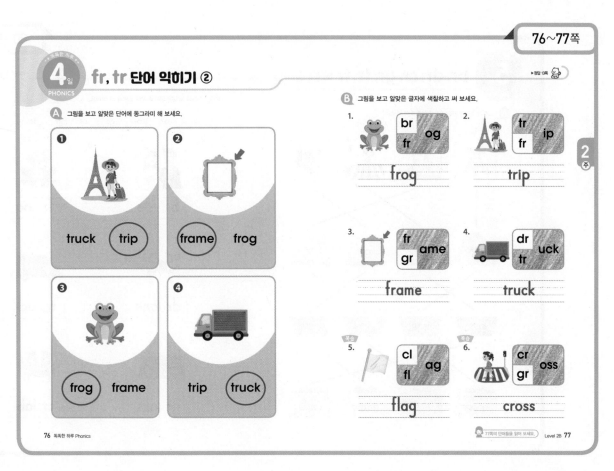

A
❶ truck (trip)
❷ (frame) frog
❸ (frog) frame
❹ trip (truck)

B
1. br / (fr) og → frog
2. (tr) / fr ip → trip
3. (fr) / gr ame → frame
4. dr / (tr) uck → truck
5. cl / (fl) ag → flag
6. (cr) / gr oss → cross

76 똑똑한 하루 Phonics   77쪽의 단어들을 읽어 보세요.   Level 2B 77

2주 복습

5일 Review br, dr, cr, gr, fr, tr 복습 ①

공부한 날   월   일

▶정답 13쪽

Ⓐ 잘 듣고 빈칸에 알맞은 글자를 골라 동그라미 해 보세요.

Ⓑ 잘 듣고 알맞은 그림과 단어를 찾아 동그라미 해 보세요.

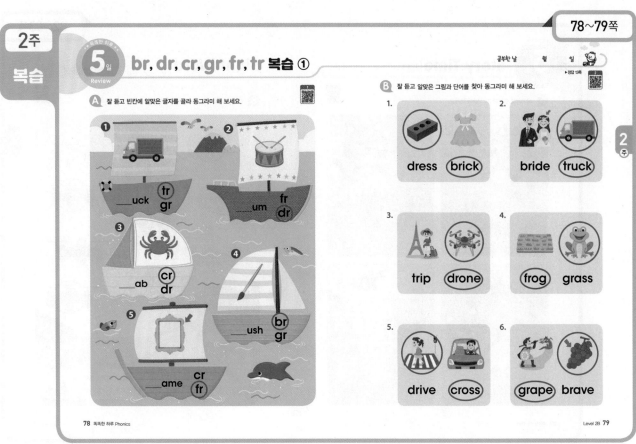

A
❶ __uck (tr) / gr
❷ __um fr / (dr)
❸ __ab (cr) / dr
❹ __ush (br) / gr
❺ __ame cr / (fr)

B
1. dress (brick)
2. bride (truck)
3. trip (drone)
4. (frog) grass
5. drive (cross)
6. (grape) brave

78 똑똑한 하루 Phonics   Level 2B 79

정답 **13**

80~81쪽

5일 Review · br, dr, cr, gr, fr, tr 복습 ②

▶정답 14쪽

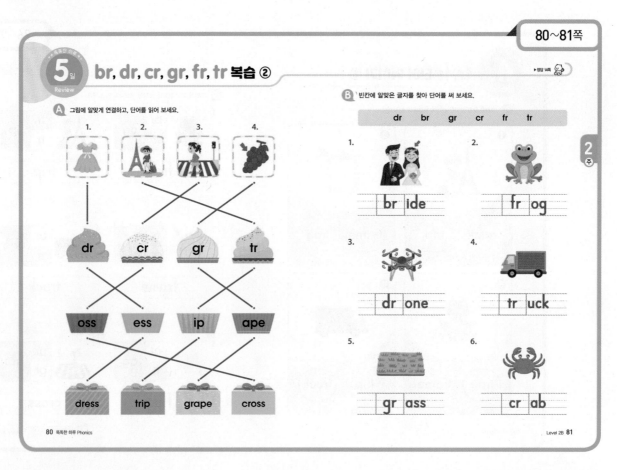

A 그림에 알맞게 연결하고, 단어를 읽어 보세요.

1. dr → oss → cross
2. cr → ess → dress
3. gr → ip → grape
4. tr → ape → trip

B 빈칸에 알맞은 글자를 찾아 단어를 써 보세요.

| dr | br | gr | cr | fr | tr |

1. br ide
2. fr og
3. dr one
4. tr uck
5. gr ass
6. cr ab

80 똑똑한 하루 Phonics

Level 2B 81

82~83쪽

5일 Review · Story Time / Sight Word

it을 찾아라!

▶정답 14쪽

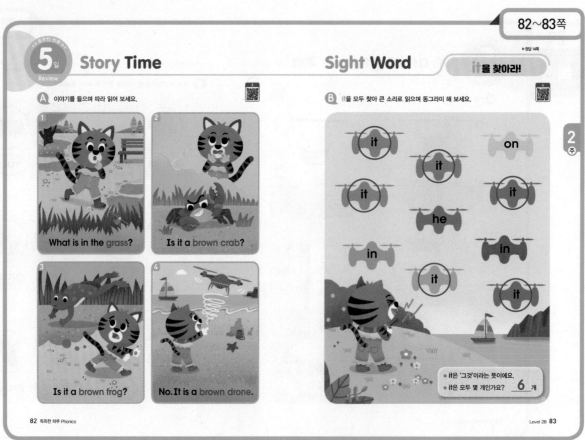

A 이야기를 들으며 따라 읽어 보세요.

1. What is in the grass?
2. Is it a brown crab?
3. Is it a brown frog?
4. No. It is a brown drone.

B it을 모두 찾아 큰 소리로 읽으며 동그라미 해 보세요.

- it은 '그것'이라는 뜻이에요.
- it은 모두 몇 개인가요? **6** 개

82 똑똑한 하루 Phonics

Level 2B 83

2주 TEST

2주 누구나 100점 TEST

맞은 개수
10개
▶정답 15쪽

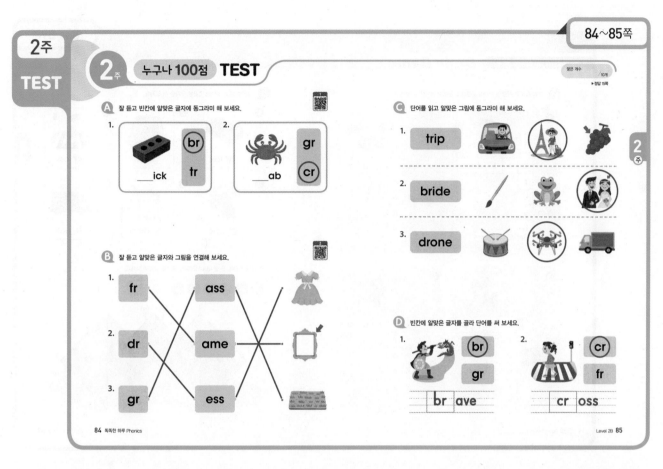

A 잘 듣고 빈칸에 알맞은 글자에 동그라미 해 보세요.

1. ___ick → **br**
2. ___ab → **cr**

B 잘 듣고 알맞은 글자와 그림을 연결해 보세요.

1. fr — ass
2. dr — ame
3. gr — ess

C 단어를 읽고 알맞은 그림에 동그라미 해 보세요.

1. trip
2. bride
3. drone

D 빈칸에 알맞은 글자를 골라 단어를 써 보세요.

1. **br** / gr → br ave
2. **cr** / fr → cr oss

84 똑똑한 하루 Phonics

Level 2B 85

2주 특강

2주 특강 창의·융합·코딩 ① Brain Game

▶정답 15쪽

숲길을 따라가며 퀴즈를 풀어 보세요.

START

❶ 빈칸에 공통으로 들어갈 글자를 골라 동그라미 해 보세요.
___ush ___ick → **br** / cr

❷ 빈칸에 알맞은 글자를 찾아 연결해 보세요.
___ass — gr
___ame — fr

❸ 그림에 알맞은 글자에 색칠해 보세요.
cr / uck
tr / oss

❹ 빈칸에 들어갈 글자가 다른 그림에 ×표 해 보세요.
drive bride brave

❺ 그림에 알맞은 단어에 동그라미 해 보세요.
drum / **drone**

❻ 빈칸에 알맞은 글자를 찾아 단어를 써 보세요.
cr fr → cr ab

FINISH

86 똑똑한 하루 Phonics

Level 2B 87

정답 **15**

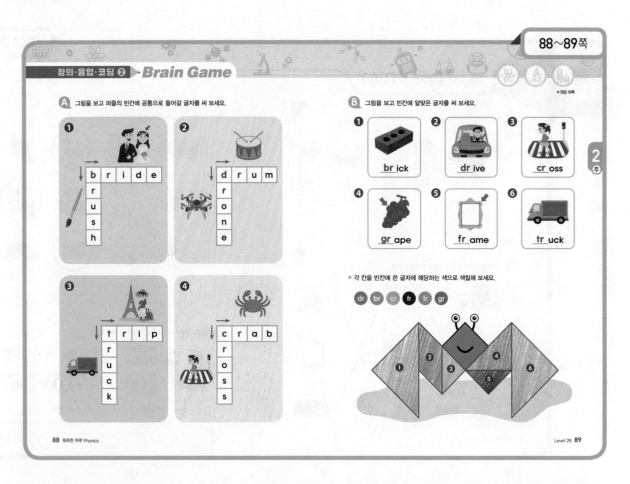

창의·융합·코딩 ② ▶ **Brain Game**

▶정답 16쪽

Ⓐ 그림을 보고 퍼즐의 빈칸에 공통으로 들어갈 글자를 써 보세요.

❶ b r i d e / b r u s h
❷ d r u m / d r o n e
❸ t r i p / t r u c k
❹ c r a b / c r o s s

Ⓑ 그림을 보고 빈칸에 알맞은 글자를 써 보세요.

❶ br ick
❷ dr ive
❸ cr oss
❹ gr ape
❺ fr ame
❻ tr uck

● 각 칸을 빈칸에 쓴 글자에 해당하는 색으로 색칠해 보세요.

dr br cr fr fr gr

88 똑똑한 하루 Phonics

Level 2B 89

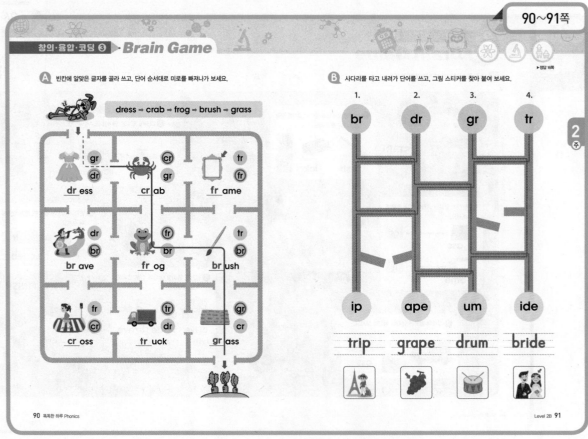

창의·융합·코딩 ③ ▶ **Brain Game**

▶정답 16쪽

Ⓐ 빈칸에 알맞은 글자를 골라 쓰고, 단어 순서대로 미로를 빠져나가 보세요.

dress → crab → frog → brush → grass

dr ess / cr ab / fr ame
br ave / fr og / br ush
cr oss / tr uck / gr ass

Ⓑ 사다리를 타고 내려가 단어를 쓰고, 그림 스티커를 찾아 붙여 보세요.

1. br
2. dr
3. gr
4. tr

ip / ape / um / ide

trip / grape / drum / bride

90 똑똑한 하루 Phonics

Level 2B 91

16 정답

94~95쪽

3주 미리보기

3주 이번 주에는 무엇을 배울까요? ❷

알맞은 글자 스티커를 찾아 붙여 보세요.

mi lk

wi nd

swi ng

ki ck

sku nk

Quiz 단어의 마지막에서 /ㅋ/로 소리 나는 글자를 찾아 모두 동그라미 해 보세요.

94 똑똑한 하루 Phonics   Level 2B 95

98~99쪽

3주 1일

1일 PHONICS

ck 단어 익히기 ①

A 스티커를 붙인 후, 단어를 리듬에 맞춰 읽어 보세요.

B 잘 듣고 알맞은 글자와 그림을 연결해 보세요.

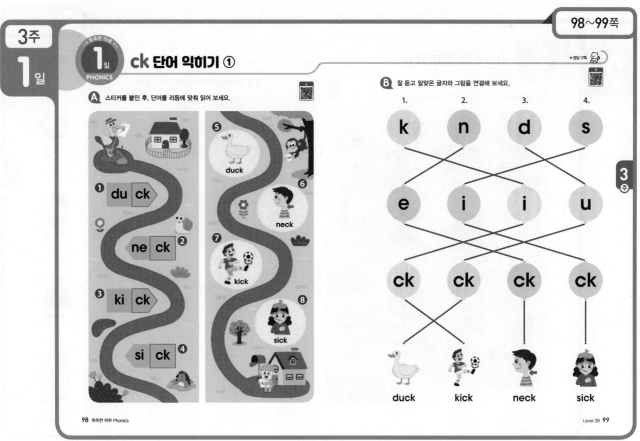

① du ck
② ne ck
③ ki ck
④ si ck
⑤ duck
⑥ neck
⑦ kick
⑧ sick

1.   2.   3.   4.
k   n   d   s

e   i   i   u

ck   ck   ck   ck

duck   kick   neck   sick

98 똑똑한 하루 Phonics   Level 2B 99

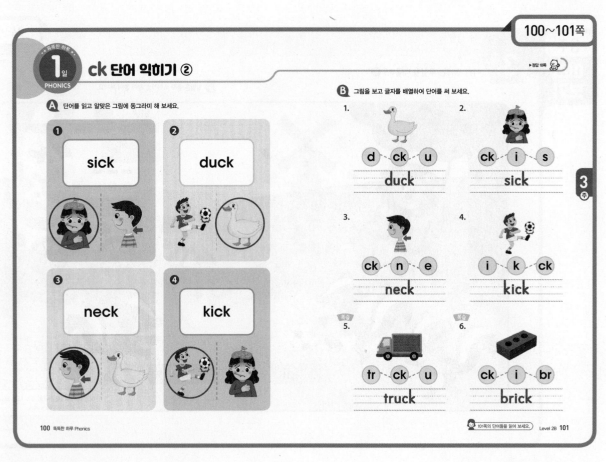

100~101쪽

1일 PHONICS ck 단어 익히기 ②

▶정답 18쪽

Ⓐ 단어를 읽고 알맞은 그림에 동그라미 해 보세요.

❶ sick
❷ duck
❸ neck
❹ kick

Ⓑ 그림을 보고 글자를 배열하여 단어를 써 보세요.

1. d - ck - u → duck
2. ck - i - s → sick
3. ck - n - e → neck
4. i - k - ck → kick
5. tr - ck - u → truck
6. ck - i - br → brick

101쪽의 단어들을 읽어 보세요. Level 2B 101

100 똑똑한 하루 Phonics

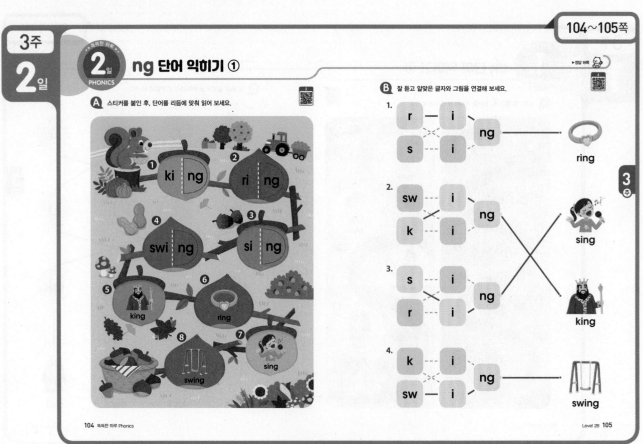

104~105쪽

3주 2일 PHONICS ng 단어 익히기 ①

▶정답 18쪽

Ⓐ 스티커를 붙인 후, 단어를 리듬에 맞춰 읽어 보세요.

❶ ki ng
❷ ri ng
❸ si ng
❹ swi ng
❺ king
❻ ring
❼ sing
❽ swing

Ⓑ 잘 듣고 알맞은 글자와 그림을 연결해 보세요.

1. r - i / s - i → ng → ring
2. sw - i / k - i → ng → sing
3. s - i / r - i → ng → king
4. k - i / sw - i → ng → swing

104 똑똑한 하루 Phonics

Level 2B 105

2일 PHONICS ng 단어 익히기 ②

▶ 정답 19쪽

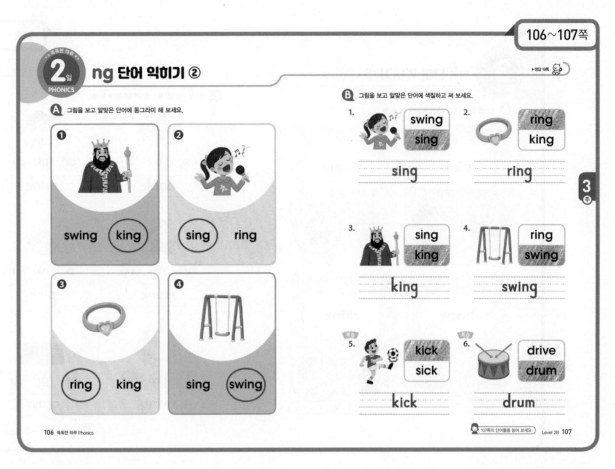

A 그림을 보고 알맞은 단어에 동그라미 해 보세요.

❶ swing (king)

❷ (sing) ring

❸ (ring) king

❹ sing (swing)

B 그림을 보고 알맞은 단어에 색칠하고 써 보세요.

1. swing / **sing** — sing
2. **ring** / king — ring
3. sing / **king** — king
4. ring / **swing** — swing
5. **kick** / sick — kick
6. drive / **drum** — drum

107쪽의 단어들을 읽어 보세요.

106 똑똑한 하루 Phonics　　Level 2B 107

3주 3일

3일 PHONICS nk 단어 익히기 ①

▶ 정답 19쪽

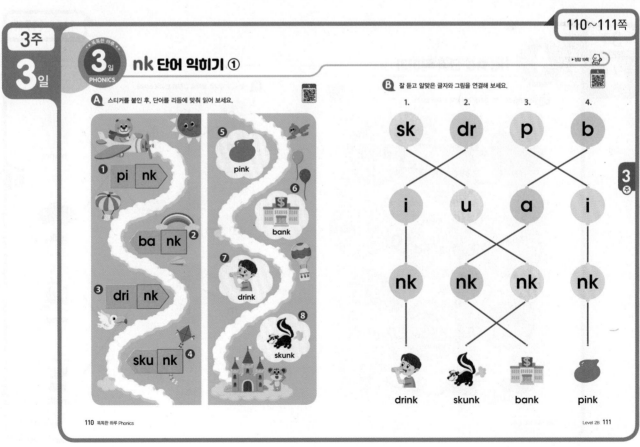

A 스티커를 붙인 후, 단어를 리듬에 맞춰 읽어 보세요.

❶ pi nk
❷ ba nk
❸ dri nk
❹ sku nk

❺ pink
❻ bank
❼ drink
❽ skunk

B 잘 듣고 알맞은 글자와 그림을 연결해 보세요.

1. sk — i — nk — drink
2. dr — u — nk — skunk
3. p — a — nk — bank
4. b — i — nk — pink

110 똑똑한 하루 Phonics　　Level 2B 111

112~113쪽

3일 PHONICS
nk 단어 익히기 ②

▶정답 20쪽

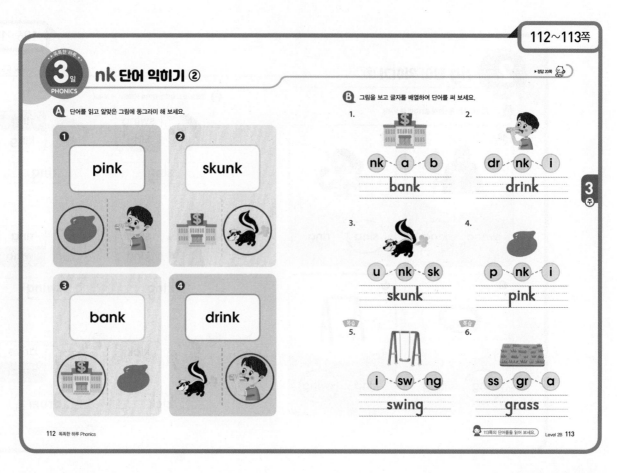

A 단어를 읽고 알맞은 그림에 동그라미 해 보세요.

❶ pink
❷ skunk
❸ bank
❹ drink

B 그림을 보고 글자를 배열하여 단어를 써 보세요.

1. nk – a – b **bank**
2. dr – nk – i **drink**
3. u – nk – sk **skunk**
4. p – nk – i **pink**
5. i – sw – ng **swing**
6. ss – gr – a **grass**

113쪽의 단어들을 읽어 보세요. Level 2B 113

116~117쪽

3주 4일

4일 PHONICS
lk, nd 단어 익히기 ①

▶정답 20쪽

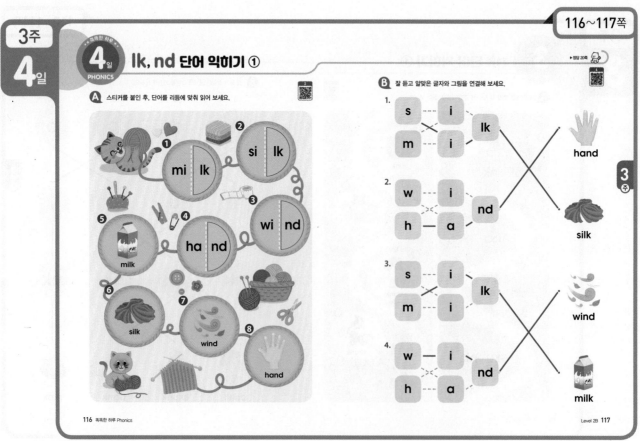

A 스티커를 붙인 후, 단어를 리듬에 맞춰 읽어 보세요.

❶ milk
❷ silk
❸ wind
❹ hand
❺ milk
❻ silk
❼ wind
❽ hand

B 잘 듣고 알맞은 글자와 그림을 연결해 보세요.

1. s – i / m – i – lk → silk
2. w – i / h – a – nd → hand
3. s – i / m – i – lk → milk
4. w – i / h – a – nd → wind

116 똑똑한 하루 Phonics Level 2B 117

4일 PHONICS lk, nd 단어 익히기 ②

▶정답 2쪽

A 그림을 보고 알맞은 단어에 동그라미 해 보세요.

B 그림을 보고 알맞은 단어에 색칠하고 써 보세요.

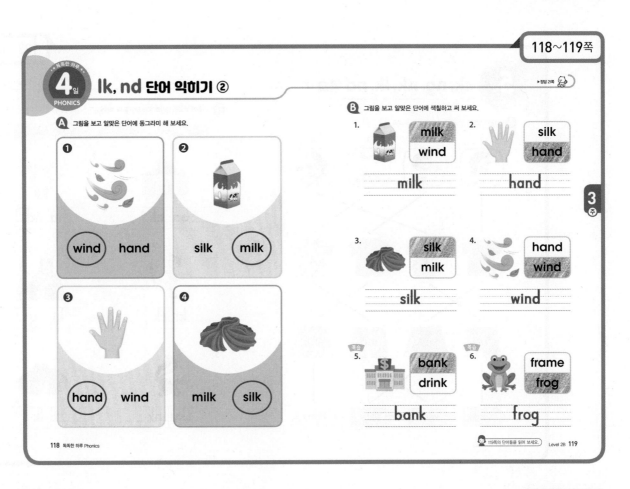

① wind **hand**

② silk **milk**

③ **hand** wind

④ **milk** silk

1. **milk** / wind — milk

2. **silk** / hand — hand

3. **silk** / milk — silk

4. hand / **wind** — wind

5. **bank** / drink — bank

6. frame / **frog** — frog

119쪽의 단어들을 읽어 보세요. Level 2B 119

3주 복습

5일 Review ck, ng, nk, lk, nd 복습 ①

공부한 날   월   일

▶정답 2쪽

A 잘 듣고 빈칸에 알맞은 글자를 골라 동그라미 해 보세요.

B 잘 듣고 알맞은 그림과 단어를 찾아 동그라미 해 보세요.

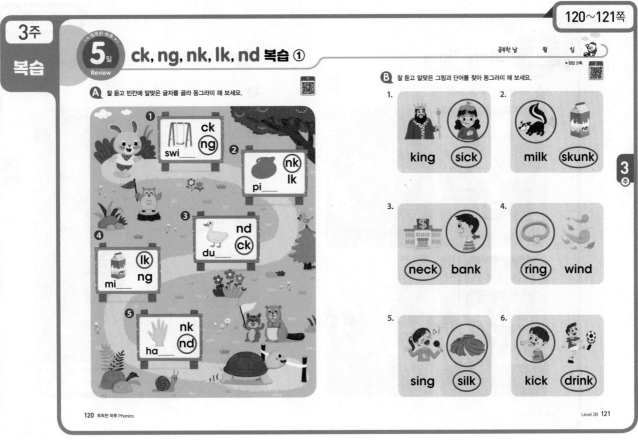

① swi___ ck / **ng**

② pi___ **nk** / lk

③ du___ **nd** / ck

④ mi___ **lk** / ng

⑤ ha___ nk / **nd**

1. king / **sick**

2. **milk** / skunk

3. **neck** / bank

4. **ring** / wind

5. sing / **silk**

6. kick / **drink**

Level 2B 121

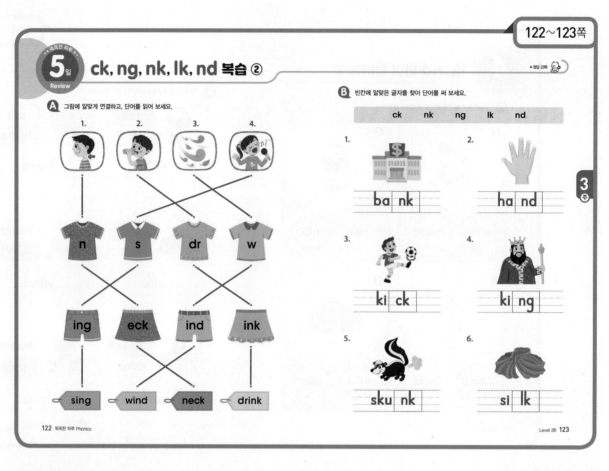

122~123쪽

5일 Review **ck, ng, nk, lk, nd 복습 ②**

▶정답 22쪽

Ⓐ 그림에 알맞게 연결하고, 단어를 읽어 보세요.

1. 2. 3. 4.

n   s   dr   w

ing   eck   ind   ink

sing   wind   neck   drink

Ⓑ 빈칸에 알맞은 글자를 찾아 단어를 써 보세요.

| ck | nk | ng | lk | nd |

1. ba **nk**
2. ha **nd**
3. ki **ck**
4. ki **ng**
5. sku **nk**
6. si **lk**

122 똑똑한 하루 Phonics

Level 2B 123

124~125쪽

5일 Review **Story Time**   **Sight Word**   like를 찾아라!

▶정답 22쪽

Ⓐ 이야기를 들으며 따라 읽어 보세요.

1. King **likes** white milk.
2. Duck **likes** yellow milk.
3. Skunk **likes** pink milk.
4. They all **like** milk.

Ⓑ like를 모두 찾아 큰 소리로 읽으며 같은 색으로 색칠해 보세요.

like   have   like   like
like   like   with   like
can   like

• like는 '좋아하다'라는 뜻이에요.
• like는 모두 몇 개인가요? **7** 개

124 똑똑한 하루 Phonics

Level 2B 125

22 정답

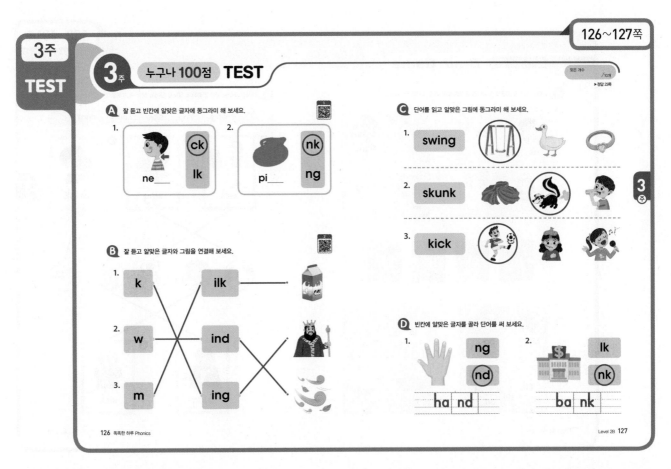

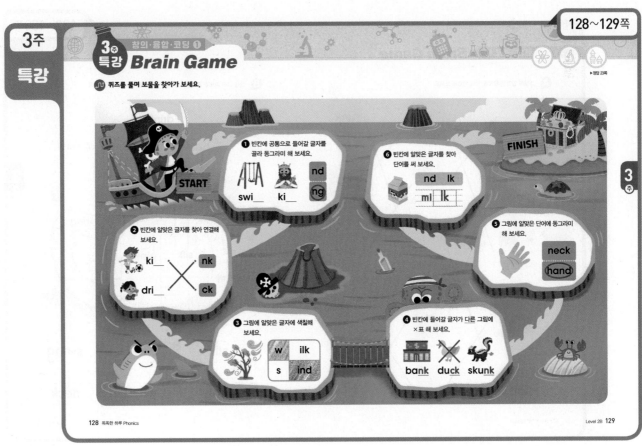

130~131쪽

창의·융합·코딩 ❷ **Brain Game**

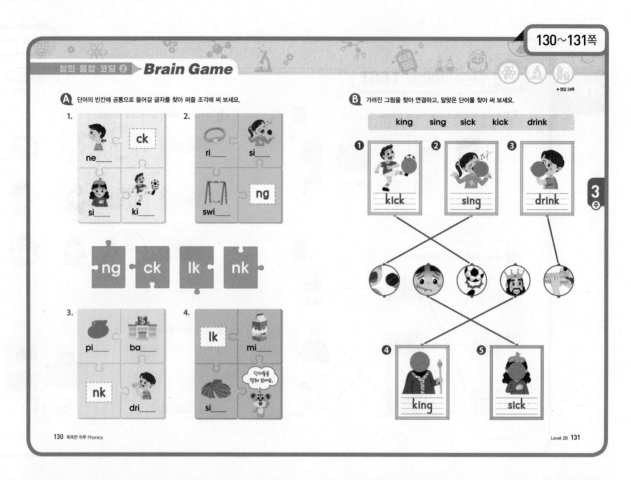

A 단어의 빈칸에 공통으로 들어갈 글자를 찾아 퍼즐 조각에 써 보세요.

1. ne___ **ck** / si___ / ki___
2. ri___ / si___ / swi___ **ng**

ng / ck / lk / nk

3. pi___ / ba___ / **nk** / dri___
4. **lk** / mi___ / si___

B 가려진 그림을 찾아 연결하고, 알맞은 단어를 찾아 써 보세요.

king sing sick kick drink

❶ kick
❷ sing
❸ drink
❹ king
❺ sick

132~133쪽

창의·융합·코딩 ❸ **Brain Game**

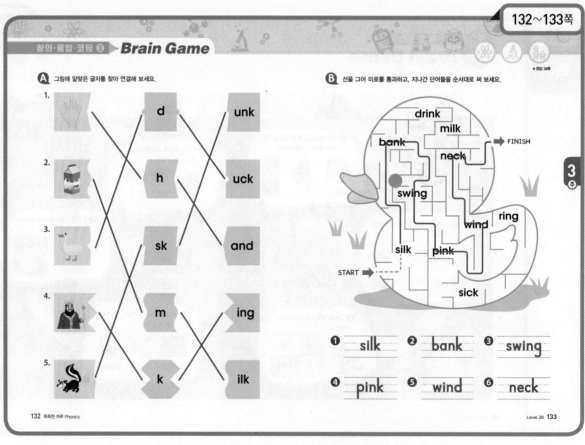

A 그림에 알맞은 글자를 찾아 연결해 보세요.

1. d / unk
2. h / uck
3. sk / and
4. m / ing
5. k / ilk

B 선을 그어 미로를 통과하고, 지나간 단어들을 순서대로 써 보세요.

drink / milk / bank / neck / swing / ring / wind / silk / pink / sick

START / FINISH

❶ silk ❷ bank ❸ swing
❹ pink ❺ wind ❻ neck

4주 미리보기

4주 이번 주에는 무엇을 배울까? ❷

▶ 정답 25쪽

🎯 알맞은 글자 스티커를 찾아 붙여 보세요.

sh ip

wh ale

ch ick

ph one

th ick

Quiz
스티커 글자들에 공통으로 들어 있는 자음에 동그라미 해 보세요.

136 똑똑한 하루 Phonics

Level 2B 137

4주 1일

1일 PHONICS ch 단어 익히기 ①

140~141쪽

▶ 정답 25쪽

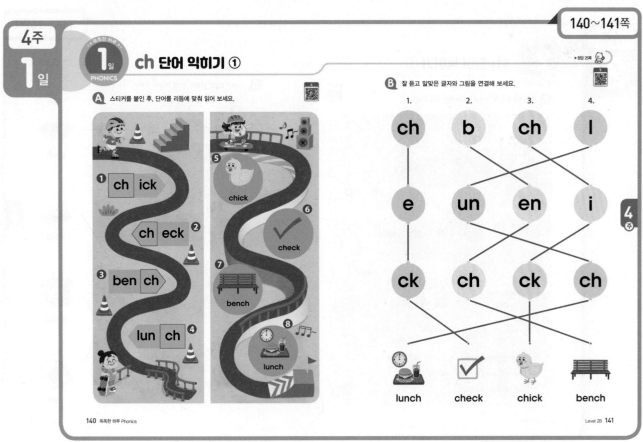

Ⓐ 스티커를 붙인 후, 단어를 리듬에 맞춰 읽어 보세요.

❶ ch ick
❷ ch eck
❸ ben ch
❹ lun ch

⑤ chick
⑥ check
⑦ bench
⑧ lunch

Ⓑ 잘 듣고 알맞은 글자와 그림을 연결해 보세요.

1. ch
2. b
3. ch
4. l

e
un
en
i

ck
ch
ck
ch

lunch
check
chick
bench

140 똑똑한 하루 Phonics

Level 2B 141

142~143쪽

1일 ch 단어 익히기 ②

▶정답 26쪽

Ⓐ 단어를 읽고 알맞은 그림에 동그라미 해 보세요.

Ⓑ 그림을 보고 글자를 배열하여 단어를 써 보세요.

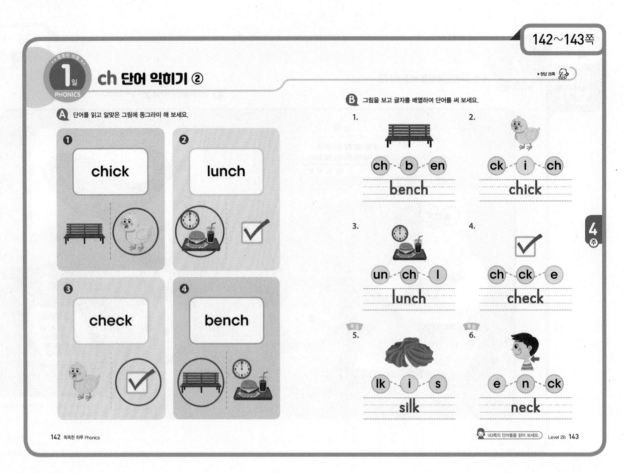

Ⓐ
- ❶ chick
- ❷ lunch ✓
- ❸ check ✓
- ❹ bench

Ⓑ
1. ch · b · en → bench
2. ck · i · ch → chick
3. un · ch · l → lunch
4. ch · ck · e → check
5. lk · i · s → silk
6. e · n · ck → neck

143쪽의 단어들을 읽어 보세요. Level 2B 143

146~147쪽

4주 2일

2일 sh 단어 익히기 ①

▶정답 26쪽

Ⓐ 스티커를 붙인 후, 단어를 리듬에 맞춰 읽어 보세요.

Ⓑ 잘 듣고 알맞은 글자와 그림을 연결해 보세요.

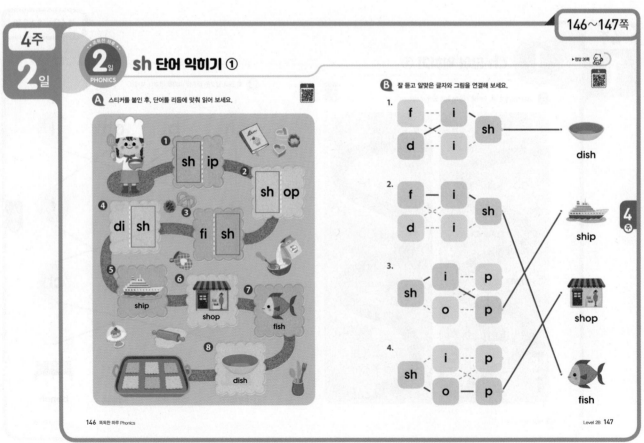

Ⓐ
- ❶ sh ip
- ❷ sh op
- ❸ fi sh
- ❹ di sh
- ❺ ship
- ❻ shop
- ❼ fish
- ❽ dish

Ⓑ
1. f / d · i / i · sh → dish
2. f / d · i / i · sh → ship
3. sh · i / o · p / p → fish
4. sh · i / o · p / p → shop

Level 2B 147

148~149쪽

2일 PHONICS sh 단어 익히기 ②

▶정답 27쪽

Ⓐ 그림을 보고 알맞은 단어에 동그라미 해 보세요.

Ⓑ 그림을 보고 알맞은 단어에 색칠하고 써 보세요.

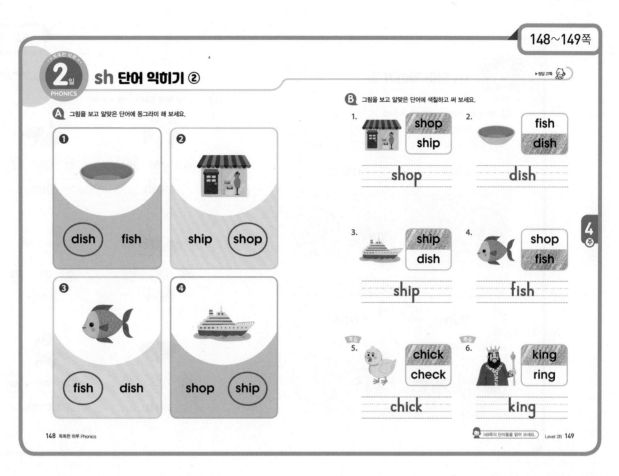

149쪽의 단어들을 읽어 보세요. Level 2B 149

152~153쪽

4주 3일 PHONICS th 단어 익히기 ①

▶정답 27쪽

Ⓐ 스티커를 붙인 후, 단어를 리듬에 맞춰 읽어 보세요.

Ⓑ 잘 듣고 알맞은 글자와 그림을 연결해 보세요.

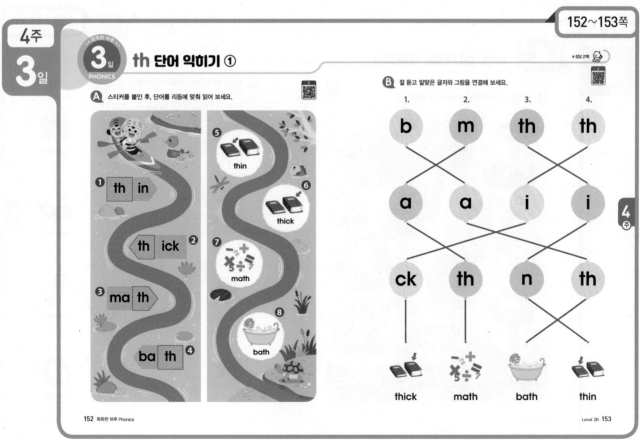

Level 2B 153

154~155쪽

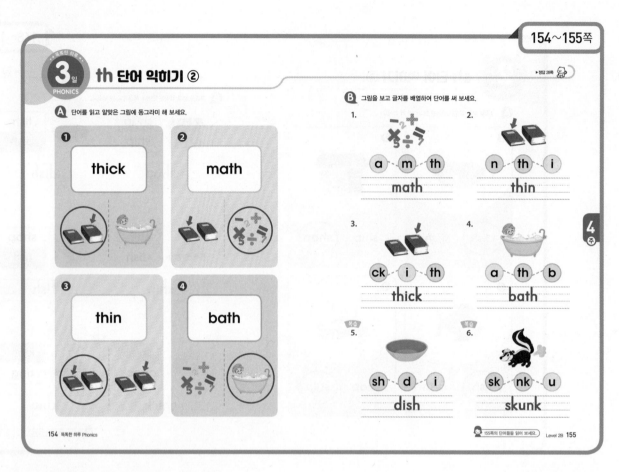

3일 PHONICS **th 단어 익히기** ②

▶정답 28쪽

Ⓐ 단어를 읽고 알맞은 그림에 동그라미 해 보세요.

❶ thick

❷ math

❸ thin

❹ bath

Ⓑ 그림을 보고 글자를 배열하여 단어를 써 보세요.

1. a - m - th math
2. n - th - i thin
3. ck - i - th thick
4. a - th - b bath
5. sh - d - i dish
6. sk - nk - u skunk

158~159쪽

4주 4일

4일 PHONICS **wh, ph 단어 익히기** ①

▶정답 28쪽

Ⓐ 스티커를 붙인 후, 단어를 리듬에 맞춰 읽어 보세요.

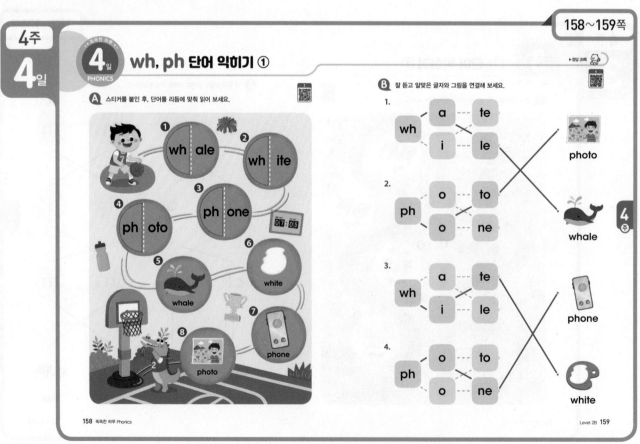

Ⓑ 잘 듣고 알맞은 글자와 그림을 연결해 보세요.

1. wh - a - te / i - le
2. ph - o - to / o - ne
3. wh - a - te / i - le
4. ph - o - to / o - ne

photo
whale
phone
white

160~161쪽

4일 PHONICS — wh, ph 단어 익히기 ②

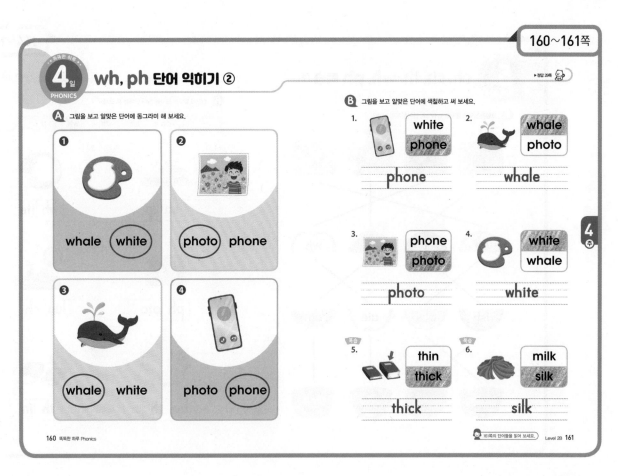

162~163쪽

4주 복습 / 5일 Review — ch, sh, th, wh, ph 복습 ①

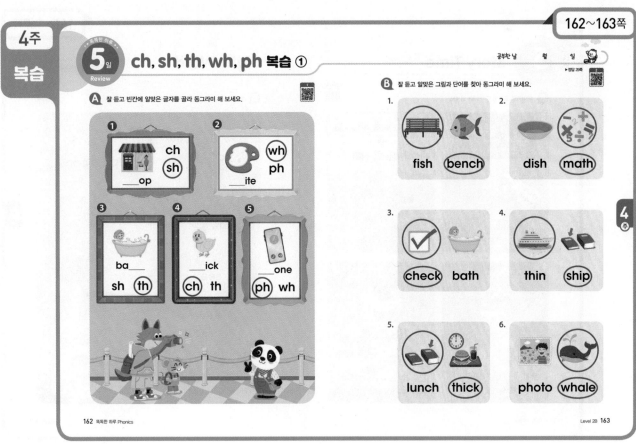

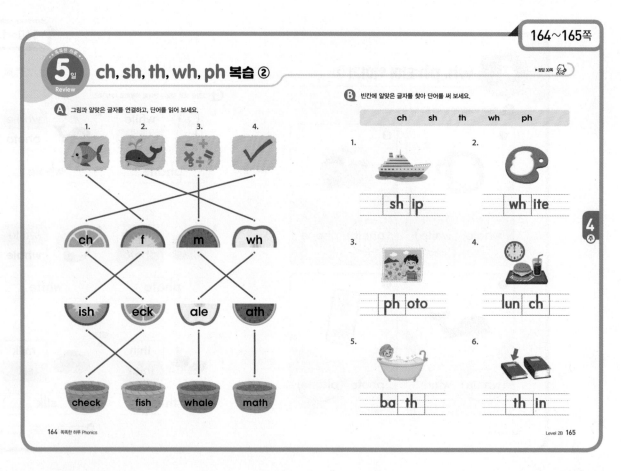

164~165쪽

5일 Review ch, sh, th, wh, ph 복습 ②

▶정답 30쪽

A 그림과 알맞은 글자를 연결하고, 단어를 읽어 보세요.

1. 2. 3. 4.

ch f m wh

ish eck ale ath

check fish whale math

B 빈칸에 알맞은 글자를 찾아 단어를 써 보세요.

ch sh th wh ph

1. sh ip
2. wh ite
3. ph oto
4. lun ch
5. ba th
6. th in

164 똑똑한 하루 Phonics

Level 2B 165

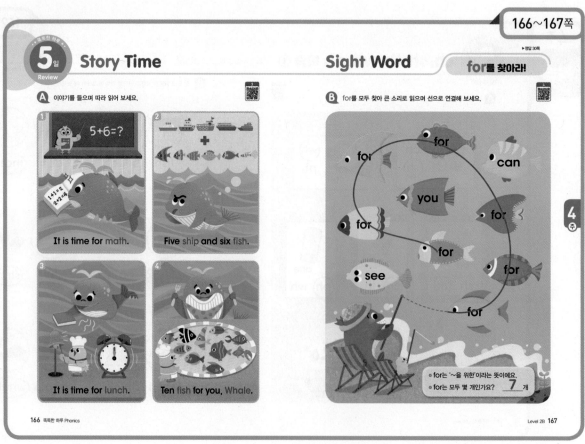

166~167쪽

5일 Review Story Time / Sight Word

for를 찾아라!

▶정답 30쪽

A 이야기를 들으며 따라 읽어 보세요.

1. 5+6=?
It is time for math.

2. Five ship and six fish.

3. It is time for lunch.

4. Ten fish for you, Whale.

B for를 모두 찾아 큰 소리로 읽으며 선으로 연결해 보세요.

for for can you for for see for for

● for는 '~을 위한'이라는 뜻이에요.
● for는 모두 몇 개인가요? 7 개

166 똑똑한 하루 Phonics

Level 2B 167

4주 TEST

4주 누구나 100점 TEST

맞은 개수 /10개
▶정답 31쪽

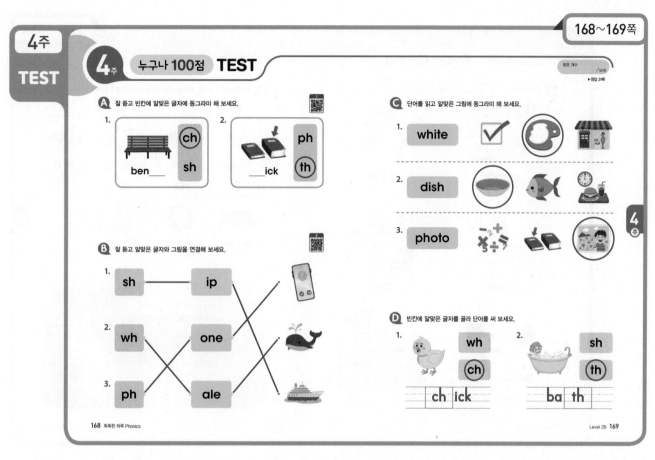

Ⓐ 잘 듣고 빈칸에 알맞은 글자에 동그라미 해 보세요.

1. ben__ **ch** sh
2. __ick ph **th**

Ⓑ 잘 듣고 알맞은 글자와 그림을 연결해 보세요.

1. sh — ip
2. wh — one
3. ph — ale

Ⓒ 단어를 읽고 알맞은 그림에 동그라미 해 보세요.

1. white
2. dish
3. photo

Ⓓ 빈칸에 알맞은 글자를 골라 단어를 써 보세요.

1. wh **ch** → **ch** ick
2. sh **th** → ba **th**

168 똑똑한 하루 Phonics

Level 2B 169

4주 특강

4주 특강 창의·융합·코딩 ❶ Brain Game

▶정답 31쪽

🔵 과자 길을 따라가며 퀴즈를 풀어 보세요.

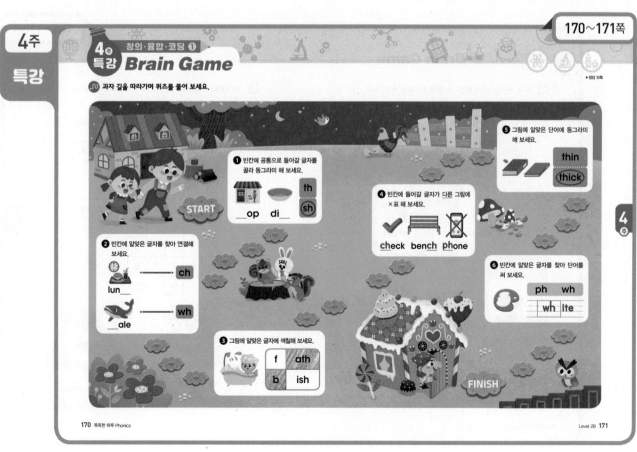

❶ 빈칸에 공통으로 들어갈 글자를 골라 동그라미 해 보세요.
__op di__ **th** sh

❷ 빈칸에 알맞은 글자를 찾아 연결해 보세요.
lun__ — ch
__ale — wh

❸ 그림에 알맞은 글자에 색칠해 보세요.
f **ath**
b ish

❹ 빈칸에 들어갈 글자가 다른 그림에 ×표 해 보세요.
check bench phone

❺ 그림에 알맞은 단어에 동그라미 해 보세요.
thin **thick**

❻ 빈칸에 알맞은 글자를 찾아 단어를 써 보세요.
ph wh
wh lte

170 똑똑한 하루 Phonics

Level 2B 171

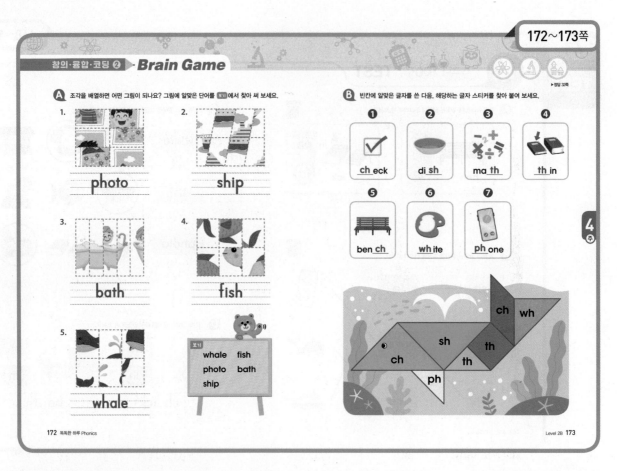

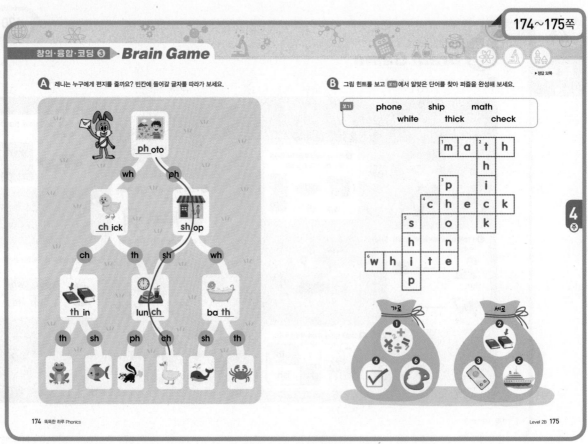

기초 학습능력 강화 프로그램

매일 조금씩 **공부력** UP!

똑똑한 하루
시리즈

쉽다!
하루 10분, 주 5일 완성의
커리큘럼으로 쉽고 재미있게
초등 기초 학습능력 향상!

재미있다!
교과서는 물론, 생활 속에서 쉽게
접할 수 있는 다양한 소재를 활용해
아이 스스로도 재미있는 학습!

똑똑하다!
초등학생에게 꼭 필요한 상식과 함께
학습 만화, 게임, 퍼즐 등을 통한
'비주얼 학습'으로 스마트한 공부 시작!

더 새롭게! 더 다양하게! 전과목 시리즈로 돌아온 '똑똑한 하루'

국어 (예비초 ~ 초6)

예비초~초6 각 A·B
교재별 14권

예비초: 예비초 A·B
초1~초6: 1A~4C
14권

영어 (예비초 ~ 초6)

초3~초6 Level 1A~4B
8권

Starter A·B
1A~3B
8권

수학 (예비초 ~ 초6)

초1~초6 1·2학기
12권

예비초~초6 각 A·B
14권

초1~초6 각 A·B
12권

봄·여름
가을·겨울 (초1~ 초2)

봄·여름·가을·겨울
2권 / 8권

안전 (초1~ 초2)

초1~초2
2권

사회·과학 (초3~ 초6)

학기별 구성
사회·과학 각 8권

정답은
이안에
있어！